청소년을 위한

회계와 경영의 이해

– 빙수 가게 이야기 –

박 종 찬

청목출판사

머리말

대학입시 면접 등을 통해 경영학 전공 지망생들을 많이 만나 보았다. 그들은 대부분 고등학교 때 경영동아리 등에서 경영과 관련된 책을 꽤 많이 읽고 있다는 사실을 알 수 있었다. 어느 날 서울특별시 산하 지방공기업 직원들을 상대로 한 대학원(SEMBA) 회계수업에서 수강생 중의 한 분(서울교통공사 여승원 부장)으로부터 중·고생을 위한 회계 책을 쓰시면 좋겠다는 말씀을 들었다. 대학교재로서 회계 책을 쓴 적은 있지만, 중·고생을 위한 회계 책은 한 번도 생각해 보지 않았다. 그리고 인터넷을 검색해 보니 청소년들을 대상으로 한 회계에 관한 책은 거의 없음을 알게 되었다. 그래서 책을 쓰기로 마음먹었고, 그 결과물이 바로 이 책이다.

무엇보다도 책을 재미있게 써야겠다고 고민한 끝에 고등학교 축제에서 빙수 가게를 여는 이야기부터 시작하기로 했다. 그리고 그 경험을 바탕으로 실제 빙수 가게의 창업, 위기의 극복, 주식회사로의 전환, 그리고 주식시장 상장 등으로 이야기를 전개하면서 관련된 회계를 쉽게 설명하려고 노력하였다.

각 장의 끝에는 본문에는 언급하지 않은 좀더 깊이 있는 이야기를 '회계 더 알기'에서 소개하였다. 청소년들이 빌 게이츠, 스티브 잡스, 일론 머스크 등 외국 경영인은 잘 알고 있으면서 한국의 경영인은 잘 모른다는 생각이 많이 들었기에

'한국의 경영인과 기업'이라는 코너를 만들어 한국의 대표적인 경영인과 기업에 관한 이야기를 추가하였다. 그리고 본문에서 설명한 회계용어를 다시 한번 재미있게 복습한다는 의미에서 '회계용어 초성퀴즈'와 '낱말퍼즐'도 만들었다.

기업은 사회에 필요한 물품과 서비스를 공급하고, 사람들에게 일자리를 창출하며 각종 세금을 납부하고 기부금을 지급함으로써 국가와 사회복지기관 등이 필요로 하는 자금을 제공하는 역할을 한다. 따라서 기업은 창업되어 지속해서 생존하는 것만으로도 사회에 기여하고 있고, 더 크게 성장한다면 사회나 국가 차원에서도 큰 도움을 준다. 이 책을 통해 청소년들이 기업의 긍정적인 역할을 잘 이해하고 앞으로 좋은 기업을 만들고 성장시키는 역할을 해 주기를 기대해 본다.

이 책을 쓰도록 제안해 주신 서울교통공사 여승원 부장님, 초안을 읽고 좋은 아이디어를 준 서울시립대학교 경영학부 박서형, 조장현, 경영학과 석사과정 김재은, 박사과정 이현준, 졸업생 이민주 회계사에게 진심으로 감사한 마음을 전하고 싶다. 아빠의 책을 기쁜 마음으로 읽어준 정안, 정하와 여러 가지 조언을 해준 아내(서미건)에게도 고마움을 전한다. 끝으로 출판을 흔쾌히 허락해 주신 청목출판사 유성열 사장님, 심재국 상무이사님과 출판을 위해 수고해 주신 직원분들께도 감사드린다.

2022년 2월

박종찬

차 례

I. 학교 축제의 팥빙수 가게

1.1 수익과 비용

시대고 2학년인 설아는 사업을 하시는 아빠의 영향으로 평소 기업 경영에 관심이 많다. 그래서 앞으로 자기도 사업으로 돈을 벌어 사회에 공헌하고 싶다고 생각해 왔다. 그러던 어느 날 9월 학교 축제에 먹거리장터를 여는데 가게를 개설하고 싶은 학생은 신청하라는 소식을 듣게 되었다. 설아는 사업을 체험해 볼 수 있는 좋은 기회라 생각하고, 경영동아리 친구인 병수와 연우에게 가게를 개설해 보자고 제의하였다.

설아, 병수, 연우는 먼저 어떤 가게를 개설할지를 의논하였다. 각자 아이디어를 내어 본 결과, 또래 친구들이 좋아하는 떡볶이, 어묵, 또는 팥빙수 가게 중의 하나를 여는 것으로 잠정 결정하였고, 하루 정도 더 고민한 후에 최종적으로 결정하기로 결론지었다.

먹거리장터는 오전 11시부터 오후 2시까지 3시간 동안 진행되는데 학교 측에서 천막, 테이블, 전기시설 등을 제공하고, 대신 가게당 시설을 사용한 대가로 학교에 50,000원을 내야 한다.

설아, 병수, 연우는 다시 모여 최종적으로 어떤 가게가 좋을지를 의논하였다. 떡볶이는 모두가 좋아하는 메뉴이지만 세 명 모두 떡볶이를 직접 만들어 본 적이 없고, 대량으로 만들 경우, 맛을 보장할 수 있을지가 의문이었다. 어묵은 만들기가 가장 단순하고 쉽다는 장점이 있지만, 아직 날씨가 더운 편이라 잘 팔릴지가 의문이었다.

마지막으로 팥빙수는 얼음을 가는 기계(빙수기)를 빌려야 하는 단점이 있지만, 만들기가 그다지 어렵지 않고 금방 배울 수 있으며, 더운 날씨에 적합하다는 장점이 있다. 세 명은 만장일치로 팥빙수 가게를 열기로 하고, 설아가 빙수기 대여를 알아보기로 했다.

설아는 인터넷 검색을 통해 팥빙수용 빙수기를 1일 44,000원에 빌릴 수 있고, 같은 대여업체로부터 통단팥, 시럽 등 팥빙수용 재료 세트를 100인분에 47,000원, 일회용 용기와 숟가락 100개를 20,000원, 얼음 3.4kg을 5,000원에 구입할 수 있다는 것을 알게 되었다.

다음 날, 설아는 병수, 연우와 다시 모여 자신이 수집한 빙수기의 대여료, 그리고 팥빙수용 재료 세트의 가격을 알려주었고, 팥빙수 가게 운영에 필요한 예상 지출액을 아래와 같이 정리하였다.

〈표 1.1〉 팥빙수 가게 예상 지출액

항 목	금 액	비 고
축제 시설 사용료	50,000원	1일
빙수기 대여료	44,000원	1일
팥빙수 재료 세트 구입비	47,000원	100인분
일회용 용기, 숟가락 구입비	20,000원	100인분
얼음 구입비	5,000원	1팩 3.4kg

여기서, 팥빙수를 판매하여 버는 돈의 합계는 어떻게 계산할까? 팔린 팥빙수의 수량에 팥빙수 한 개의 가격을 곱하면 된다. 예를 들어, 팥빙수 100개를 팔았고, 판매가격이 3,000원이면 번 돈은 총 300,000원(= 100개 × 3,000원)이 된다.

이와 같이 물건을 팔거나 용역(일 또는 서비스)을 제공하여 번 돈을 **수익**이라고 한다. 보다 구체적으로 물건을 팔아서 번 돈은 **매출수익**이라고 하고, 용역을 제공하여 번 돈은 **용역수익**(또는 **서비스수익**)이라고 한다. 반면에, 수익을 발생시키기 위해서는 재료의 구입, 대여료의 지급 등 지출되는 돈이 생길 수밖에 없다. 수익을 창출하기 위해 지출한 돈은 **비용**이라고 한다.

1.2 이 익

앞서 말한 것처럼 매출수익을 계산하기 위해서는 판매량과 판매가격이 필요하다. 판매량은 실제로 판매를 시작하기 전에는 알 수 없지만, 판매가격은 판매자가 판매 전에 미리 정해야 한다. 설아, 병수, 연우는 팥빙수의 가격을 정하기 위해 먼저 총비용이 얼마나 되는지를 알아보았다.

위에서 예상 지출액을 정리한 〈표 1.1〉에 따르면 학교시설 사용료 50,000원과 빙수기 대여비 44,000원은 판매량과 관계없이 고정되어 있지만, 팥빙수 재료비와 용기 및 숟가락은 100인분을 기준으로 계산되어 있으므로 얼마나 팔릴 것인지에 대한 예상이 없으면 총비용을 정확하게 계산할 수가 없다. 따라서 판매가격을 정하기에 앞서 판매량을 예측하는 것이 필요하다.

설아, 병수, 연우는 시대고의 학생 수를 계산해 보았다. 학급당 30명 정도이고, 학년별로 8학급이 있으므로 학년별로 240명(= 30명 × 8학급)이 있고, 총 3학년이 있으므로 전체 학생 수는 약 720명(= 240명 × 3학년)이다.

학교 축제 먹거리장터의 영업시간이 총 3시간이고, 가게는 모두 10개이다. 학생의 2/3가 가게를 이용하면 총 480명(= 720 × 2/3)이 이용하는 것이고 1인당 2곳의 가게를 방문한다면 960명(= 480명 × 2)의 학생이 10곳의 가게를 1번 방문하는 셈이므로 가게당 96명(= 960명 ÷ 10개)이 방문한다고 볼 수 있다. 그러나 이러한 예측은 가게별로 선호도가 같다는 가정을 전제로 한 것이므로 특정 가게가 맛있다고 소문이 나면 달라질 수 있다.

설아, 병수, 연우는 자신들의 팥빙수 가게는 식사가 아닌 디저트를 파는 가게이므로 식사 후 간편하게 먹을 수 있는 팥빙수에 대한 수요는 최소 100명은 될 것으로 보고, 100인분을 예상 판매량으로 가정하여 총비용을 계산해 보았다.

예상 지출액을 나타낸 〈표 1.1〉에 팥빙수 재료비와 일회용 용기 및 숟가락 구입비는 모두 100인분을 기준으로 한 금액이므로 팥빙수 100인분에 필요한 얼음의 양만 계산하면 된다. 팥빙수에 들어가는 얼음은 팥빙수 한 개당 들어가는 얼음을 100g으로 예상하면 100인분에 필요한 얼음은 총 10,000g(= 100명 × 100g), 즉 10kg이므로 한 팩에 3.4kg짜리 얼음 세 팩을 사는 것으로 가정하였다. 팥빙수 100개에 대한 총비용은 다음과 같다.

총비용 = 학교시설 사용료 + 빙수기 대여료 + 팥빙수 재료비(100인분) + 일회용 용기, 숟가락 구입비(100개) + 3.4kg 얼음 3팩 구입비
= 50,000원 + 44,000원 + 47,000원 + 20,000원 + (5,000원 × 3개)
= 176,000원

먼저, 총비용과 총수익이 일치하는 판매가격은 얼마인지를 계산해 보자.

총비용 = 총수익(= 판매량 × 판매가격)
176,000원 = 100개 × 판매가격
판매가격 = 1,760원

팥빙수 100개를 판다면 총수익은 판매량 100개에 판매가격을 곱한 것이고, 총비용은 위에서 176,000원으로 산출되었으므로 총수익과 총비용이 일치하는 판매가격은 176,000원을 100개로 나눈 1,760원이다. 만약, 판매가격이 2,000원이면 총수익은 200,000원(= 100개 × 2,000원)이고 총비용은 176,000원이므로 남긴 돈은 24,000원이 된다.

회계에서는 총수익이 총비용보다 크면 **흑자**가 났다고 하고, 총수익에서 총비용을 뺀 금액을 **이익** 또는 **순이익**이라고

한다. 반면, 총비용이 총수익보다 크면 **적자**가 났다고 하고, 총비용에서 총수익을 뺀 금액을 **손실** 또는 **순손실**이라고 한다. 흑자(黑字)와 적자(赤字)는 오래전부터 이익을 흑색(검은색) 잉크로 적고, 손실을 적색(빨간색) 잉크로 적던 관행에서 유래된 말이다.

그런데 판매가격이 2,000원일 경우, 이익이 24,000원에 불과하여 이를 3인으로 나누면 1인당 8,000원을 나눠 갖게 된다. 사업의 준비, 실행의 대가가 1인당 8,000원이라면 너무 적은 것이므로 판매가격 2,000원은 낮다고 판단하였다. 판매가격이 3,000원이면 이익은 124,000원(= 300,000 - 176,000)이고, 1인당 41,333원이 되는데 설아, 병수, 연우는 적당하다고 생각하였다.

또한 현재 커피 전문점 또는 빙수 프랜차이즈의 팥빙수 가격은 종류에 따라 매우 다양한데 1인 팥빙수의 최저가격이 5,400원 정도임을 파악하였다. 따라서 팥빙수 판매가격 3,000원은 동료 학생들이 충분히 살 만한 가격이라고 판단하였다.

1.3 비용 절감

설아는 병수, 연우와 이야기를 끝낸 후 집에 돌아와 이익을 더 높이는 방법에 대해 생각해 보았다. 빙수기 대여업체를 통해 팥빙수 재료, 용기와 숟가락, 얼음을 사는 것은 배달해 준다는 점에서는 편리한 방법이지만 비쌀 수도 있다는 생각이 들었다. 그래서 병수, 연우에게 연락하여 근처의 대형할인점에 가서 가격을 직접 알아보기로 했다.

팥빙수의 재료 세트에 포함되는 품목은 통단팥 3kg 캔 1개, 후르츠믹스 850g 캔 2개, 빙수떡 250g 3봉, 미숫가루 1kg 1봉, 연유 2개, 딸기시럽 2개, 레인보우스프링클 1봉이다. 또한 팥빙수에 사용할 얼음은 개당 100g이 필요하고 판매 수량이 100개라고 가정하면, 총 10kg이 필요하다.

근처 대형할인점을 방문하여 비슷한 팥빙수 재료와 용기 및 숟가락, 그리고 얼음을 별도로 구입할 경우 품목별 가격을 파악하였고, 품목별 가격 리스트는 다음과 같다.

〈표 1.2〉 대형할인점의 팥빙수 재료 가격(100인분 기준)

품 목	금 액	비 고
빙수팥 캔	7,900원	3kg × 1개
후르츠믹스 캔	7,600원	850g × 2개
빙수떡	5,100원	250g × 3봉
미숫가루	3,700원	1kg × 1개
연유	8,000원	500g × 2개
딸기시럽	8,000원	500g × 2개
레인보우스프링클	5,400원	380g × 1개
일회용 빙수 용기	9,200원	100개
일회용 숟가락	5,200원	100개
얼음 10kg	15,000원	1kg(1,500원) × 10개
합 계	75,100원	

앞서 〈표 1.1〉에서 빙수기 대여업체로부터 팥빙수 100개

를 위한 재료 세트와 용기 및 숟가락, 그리고 얼음 세 팩을 구입하면 총 82,000원(= 47,000원 + 20,000원 + (5,000원 × 3))이 들고, 비슷한 재료를 대형할인점에서 별도로 구입하면 〈표 1.2〉와 같이 총 75,100원이 든다.

따라서 대형할인점에서 별도로 구매하면 총 6,900원(= 82,000원 - 75,100원)이 절감된다. 비록, 대형마트를 방문하여 구입한 후 직접 옮겨야 한다는 번거로움이 있지만 이를 감수하기로 했다. 팥빙수 재료를 대형할인점에서 직접 사면 총비용은 학교시설 사용료와 빙수기 대여료를 포함하여 총 176,000원에서 169,100원으로 6,900원이 감소하고, 비용이 감소하므로 수익에서 비용을 차감한 이익은 124,000원에서 130,900원으로 6,900원이 증가한다.

다음 날 설아, 병수, 연우는 먹거리장터에 팥빙수 가게를 개설하기 위해 학교에 신청서를 제출하였고, 이틀 후 팥빙수 가게의 선정을 통보받았다. 먼저, 설아는 팥빙수 빙수기의 대여를 전화로 예약하였다.

설아, 병수, 연우는 팥빙수를 만들기 위한 역할 분담을 의논하여 설아는 빙수기를 이용하여 얼음을 갈아 일회용 그릇에 담는 역할을, 병수는 통단팥, 후르츠믹스, 빙수떡을 빙수 위에 놓는 역할을, 연우는 연유와 딸기시럽을 얹고 미숫가루와 레인보우스프링클을 뿌리는 역할을 각각 담당하기로 했다.

병수는 팥빙수 재료를 이용하여 100개의 팥빙수를 만들기 위해 팥빙수 한 개를 만드는데 필요한 재료량을 산출해 보고 아래와 같이 표로 작성하였다.

〈표 1.3〉 팥빙수 한 개의 재료 소모량

품 목	총 량	한 개 소요량
빙수팥 캔	3kg × 1개	30g (= 3,000g ÷ 100명)
후르츠믹스 캔	850g × 2개	17g (= 1,700g ÷ 100명)
빙수떡	250g × 3봉	7.5g (= 750g ÷ 100명)
미숫가루	1kg × 1개	10g (= 1,000g ÷ 100명)
연유	500g × 2개	10g (= 1,000g ÷ 100명)
딸기시럽	500g × 2개	10g (= 1,000g ÷ 100명)
레인보우스프링클	380g × 1봉	3.8g (= 380g ÷ 100명)
얼음	1kg × 10개	100g

설아, 병수, 연우는 축제 하루 전에 모여 함께 재료를 구입하기로 약속하였다. 그 전에 설아는 인터넷 검색을 통해 대여하기로 한 빙수기의 사용법을 확인하였고, 병수와 연우는 집에 있는 계량 숟가락을 이용하여 1인분에 필요한 양을 넣기 위한 연습을 마쳤다.

1.4 판매 개시

축제 하루 전, 설아, 병수, 연우는 함께 근처 대형할인점에서 계획한 대로 팥빙수 재료를 구입하였다. 그런데 얼음은 하루 전에 사서 보관하기가 어렵기 때문에 당일 오전에 병수가 구입하여 병수네 아이스박스에 넣어 학교로 갖고 오기로 하였다.

미술에 소질이 있는 연우는 팥빙수 가게의 메뉴를 직접 POP 글씨체를 이용하여 작성하였고, 팥빙수가 잘 팔릴 수 있도록 인터넷을 검색하여 팥의 효능에 대한 글을 4절지에 요약하여 광고판을 만들었다.

먹거리장터에서 학생들이 음식을 사려면 장터의 티켓부스에서 원하는 메뉴의 티켓을 사서 해당 가게에 제출하는 방식이므로 각 가게는 직접 돈을 받을 필요는 없다. 축제 당일 10시에 빙수기를 대여업체로부터 인수하여 테이블에 설치하였고, 작동 방법을 테스트하였다.

드디어 11시. 먹거리장터가 열리면서 팥빙수 가게의 영업을 개시하였다. 그런데 메뉴가 디저트인 관계로 처음에는 판매가 잘 이루어지지 않았다. 그러나 12시를 넘기면서 학생들이 점심 식사를 마친 후 팥빙수에 관심을 보이기 시작했다. 날씨가 비교적 더웠기에 팥빙수는 먹거리장터의 인기 상품으로 잘 팔려나갔다.

장사 시작 초반에 맛있고 양도 많다는 호평을 얻기 위해 얼음과 연유를 예상보다 많이 사용한 관계로 80개쯤 팔렸을 때 얼음과 연유가 부족하겠다는 생각이 들었다. 급하게 서로 의논하는 도중에 누군가 편의점에서도 얼음을 판다는 것을 알려 주었고, 설아는 급히 학교 근처의 편의점으로 달려가 얼음 2kg을 3,600원에 구입하고, 연유를 대신하여 우유 1리터를 2,700원에 구입해 왔다.

잠시 영업이 중단되었지만, 설아가 얼음과 우유를 사 온 후 판매를 재개하여 팥빙수를 처음 예상보다 많은 총 105개까지 팔 수 있었고, 폐점 시간 10분을 앞두고 팥빙수 판매를 종료하였다.

1.5 결 산

설아, 병수, 연우는 영업시간 동안 정신없이 일했기에 몸은 몹시 피곤했다. 하지만 목표했던 100개를 넘어 105개를 팔았기에 기분이 좋았고, 계획했던 목표를 달성했다는 성취감에 너무 기뻤다. 장사를 마무리하고 셋은 교실에 다시 모여 팥빙수 가게의 수익, 비용, 그리고 이익을 계산해 보았다. 회계에서는 특정 기간의 영업이 종료된 후 수익, 비용, 이익을 계산하는 절차를 **결산**이라고 한다.

먼저, 수익은 총 105개를 3,000원에 판매하였으므로 315,000원(= 105개 × 3,000원)이다. 비용은 학교에 지급한 시설 사용료 50,000원, 빙수기 대여료 44,000원, 그리고 〈표 1.2〉와 같이 대형할인점에서 구입한 팥빙수 재료비 75,100원, 그리고 학교 근처 편의점에서 추가로 구입한 얼음과 우유의 구입비 6,300원(= 3,600원 + 2,700원)을 포함하여 총 175,400원(= 50,000원 + 44,000원 + 75,100원 + 6,300원)이다. 따라서 수익에서 비용을 뺀 이익은 139,600원(= 315,000원 - 175,400원)이다.

설아, 병수, 연우가 원래 예상했던 순이익은 130,900원이었으나 최종 순이익은 139,600원으로 8,700원이 증가하였다. 그 이유를 분석하면, 예상 판매 수량 100개보다 5개를 더 팔았으므로 수익이 15,000원(= 5개 × 3,000원) 증가했지만, 비용은 원래 예상했던 비용에서 편의점에서 추가로 구입한 얼음과 우유 값 6,300원만큼만 증가했기 때문에 그 차이인 8,700원(= 15,000원 - 6,300원)이 증가한 것이다.

설아, 병수, 연우는 서로의 노고를 격려하며 이익 139,600원을 셋이서 나눠 갖기로 했다.

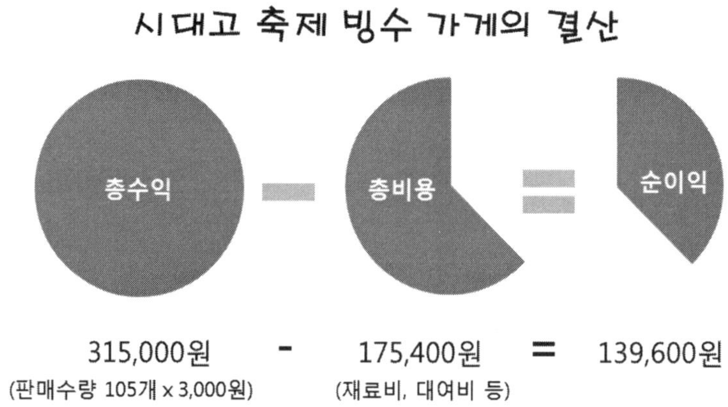

1.6 손익계산서

학교 축제에서 친구들과 팥빙수 가게를 열었던 설아는 자신의 팥빙수 가게 운영 경험을 오빠인 설국에게 들려주었다. 설국은 설아의 이야기를 듣고, 대학교 때 전공수업으로 수강했던 '회계원리'에서 배운 손익계산서가 생각났다.

회계에서 **손익계산서**는 특정 기간에 발생한 수익과 비용 그리고 이익을 보여주는 표를 말한다. 설국은 설아에게 손익계산서에 관해 설명하고, 설아가 운영한 팥빙수 가게의 손익 계산서를 아래와 같이 만들어 보았다.

〈표 1.4〉 팥빙수 가게의 손익계산서

손익계산서 20x1.9.15.11시 ~ 20x1.9.15.14시 시대고 먹거리축제 팥빙수가게			(단위: 원)
매출수익			315,000
비용			175,400
	가게 임차료	50,000	
	빙수기 대여료	44,000	
	팥빙수 재료비	75,100	
	편의점 구입 재료비	6,300	
순이익			139,600

손익계산서의 첫째 줄에는 '손익계산서'라는 명칭을 가운데에 쓰고, 둘째 줄에는 기간을 표시한다. 기간은 보통 시작일과 종료일을 표기하는데 여기서는 팥빙수 가게를 같은 날 세 시간만 운영했으므로 축제일 11시부터 14시까지로 표기했다. 만약, 9월 초에서 말까지 한 달간 장사를 했다면, '20x1.9.1. ~ 20x1.9.30.'으로 표기했을 것이다.

손익계산서는 특정 기간에 발생한 수익과 비용을 보여주는 것이므로 반드시 기간이 표시된다. 셋째 줄의 왼쪽 끝에는 가게 또는 기업의 이름을, 오른쪽 끝에는 금액의 단위를 표시한다.

손익계산서의 넷째 줄부터 수익을 표기하고 그 다음에 비용을 표기한다. 팥빙수 가게는 팥빙수를 판매하여 수익이 발생하므로 매출수익 315,000원을 표기한다. 그다음 줄에 비용의 총액 175,400원을 먼저 표기하고, 그 밑에는 구체적인 비용의 내역을 보여준다.

설아, 병수, 연우는 학교 축제에서 학교가 설치한 먹거리장터에 공간을 빌려 가게를 열었고, 그 대가로 학교에 50,000원을 지급하였다. 회계에서 점포, 사무실 등을 빌려 사용한 대가로 지불한 돈을 **임차료**라고 한다. 따라서 먹거리장터에서 자리를 얻는 대가로 학교에 지급한 50,000원을 '가게 임차료 50,000'으로 표기하였다.

임차와 함께 자주 사용되는 용어로 임대가 있다. **임차**(賃借)의 차(借)는 한자로 '빌릴 차'로서 아파트, 사무실, 점포 등을 일정 기간 빌리는 것이고, **임대**(賃貸)의 대(貸)는 '빌려줄 대'로 주인이 아파트, 사무실, 점포 등을 빌려준다는 뜻이다. 따라서 학교가 설아, 병수, 연우로부터 받은 50,000원은 학교 측으로서는 **임대수익**(또는 **임대료**)이 된다. 점포를 빌려 장사를 하는 사람이 점포를 빌린 대가로 지불한 돈은 임차료로 비용이고, 점포의 주인이 점포를 빌려준 대가로 받는 돈은 임대료로 수익이다.

가게 임차료 밑에 다른 비용 항목인 빙수기 대여료, 팥빙수 재료비, 편의점 구입 재료비를 표기하였다. 여기서 비용의 순서는 달라도 되지만, 모두 빠짐없이 포함해야 한다.

손익계산서의 마지막 줄에는 총수익에서 총비용을 차감한 순이익(또는 이익)을 표기한다. 기간이 9월 15일 하루이므로 하루 동안 팥빙수 가게의 영업으로 발생한 순이익이 139,600원임을 나타낸다.

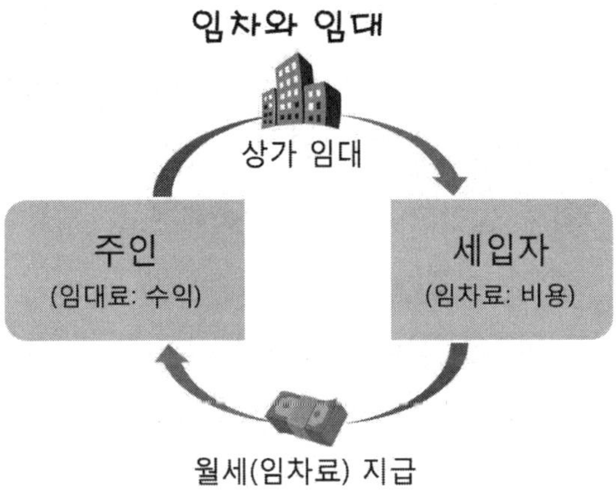

설아는 오빠 설국으로부터 배운 손익계산서를 병수와 연우에게도 가르쳐 주면 좋겠다고 생각하여 팥빙수 가게의 성공적인 운영을 축하할 겸 주말에 만날 약속을 잡았다.

1.7 후 기

설아, 병수, 연우는 주말에 학교 앞 커피 전문점에 모여 팥빙수 가게 운영에 대해 각자가 느낀 점들을 서로 나누는 시간을 가졌다. 설아는 먼저 팥빙수의 맛에 관해 이야기했다. 맛있는 팥빙수의 레시피를 확보하지 못한 상태에서, 빙수기 대여업체의 팥빙수 재료 세트를 참고하여 비슷한 구성의 재료들로 팥빙수를 만들다 보니 동료 학생들이 좋아할 맛인지에 대한 확신을 갖지 못했다는 점이 마음에 걸렸다고 했다.

병수는 팥빙수를 만들어 본 적이 없었기에 처음에는 당황

스러웠고, 여유분의 재료가 없다 보니 1인분에 해당하는 단팥과 후르츠믹스의 양을 정확하게 사용해야 한다는 부담감이 있었다고 말했다. 하지만 판매 초반에는 정확한 양을 넣기가 쉽지 않았으나 점차 익숙해졌고, 지금 다시 만든다면 더 잘할 수 있겠다고 말했다.

연우는 어떤 재료가 들어가야 최고의 팥빙수를 만들 수 있는지에 대한 고민이 없다 보니 그냥 평범한 팥빙수가 될 수밖에 없었고, 시간이 나면 여러 재료를 가지고 더 맛있는 팥빙수를 개발해 보고 싶다고 했다.

끝으로 설아는 오빠의 도움으로 집에서 작성한 손익계산서를 병수와 연우에게 보여주고, 간단히 설명해 주었다. 병수와 연우는 손익계산서를 처음 보았지만, 가게의 운영 결과를 한눈에 볼 수 있어 좋았고, 손익계산서를 아는 사람이라면 따로 설명이 없어도 사업의 성과를 이해할 수 있겠다는 생각이 들었다.

세 사람은 축제에서의 팥빙수 가게 운영을 통해 사업 아이디어를 생각해 내고, 이를 현실에서 서로 힘을 합쳐 실행하는 좋은 경험을 했다는 데 모두 만족하였고 뿌듯함을 느꼈다.

■ 한국의 경영인과 기업①

이병철과 삼성

경남 의령의 비교적 유복한 집안에서 태어난 이병철은 열 살 때부터 진주, 서울을 거쳐 동경 와세다대학으로 유학을 떠났으나 각기병으로 대학을 졸업하지 못한 채 귀향하였다. 2년 정도의 공백기 끝에 사업을 하기로 하고, 1936년 마산에서 정미소(쌀 찧는 일을 전문적으로 하는 곳)마다 사람들이 줄을 서서 기다리는 것을 보고, 지인 2명과 함께 정미소를 설립하여 크게 성공하였다.

이후 트럭을 사들여 운송회사를 세우고, 은행에서 빌린 돈으로 김해평야 일대의 땅을 사들여 대지주가 되었다. 그러나 중·일전쟁의 발발로 은행 대출이 중단되자, 은행에서 빌린 돈을 갚기 위해 그동안 매입한 토지와 정미소, 운송회사까지 모두 매각하여 원점으로 돌아오고 말았다.

1938년 한반도와 중국의 여러 도시를 둘러본 그는 물자가 부족한 현실을 보고 한반도와 만주를 오가는 무역업을 하기로 결심하고, 대구에 삼성상회를 설립하였다. 사업으로 돈이 제법 모이자 조선양조를 인수하였고, 해방 후 1948년에는 서울에서 무역회사인 삼성물산을 설립하였다. 1년 만에 국내 7위의 무역업체로 성장하였으나 한국전쟁의 발발로 모든 것을 잃고 1·4 후퇴 때 대구로 피난을 떠났다. 양조장 사업을 맡긴 직원들로부터 생각지도 못했던 사업자금 3억 원을 받은 이병철은 부산에서 다시 삼성물산을 세웠다.

삼성물산의 성공을 바탕으로 이병철은 국내에서 제지, 설탕, 페니실린을 직접 생산하는 제조업을 시작하여 해외 수입을 대체하기를 희망하였다. 그러다 설탕을 제조하는 것이 비교적 단시간에 진출할 수 있음을 깨닫고, 제일제당을 설립하였다. 일본에서 주요 기계를 들여오되 국내 기술진으로 생산설비를 조립하였다. 우여곡절 끝에 공장을 완성하고 시운전을 하였으나 설탕은 나오지 않고 검은 물만 나와 이를 해결하고자 3일 동안이나 씨름하였다. 지나가던 공장의 한 용접공이 원료를 너무 많이 넣는 것 아니냐는 말을 듣고 원료를 줄여서 넣었더니 드디어 하얀 설탕이 나오기 시작하였다.

제당사업의 성공을 바탕으로 이병철은 이번에는 수입에 의존하던 양복지를 국내에서 생산하기 위해 제일모직을 설립하였다. 독일에서 기계를 들여왔지만, 국내 기술자들을 최대한 활용하여 조립하였고, 불철주야 노력한 결과 6개월 만에 공장을 완공하였다. 이병철은 사람들을 만날 때면 제일모직 제품을 입었고, 점차 품질에 대한 입소문이 퍼져 외국산 양복지를 대체하였으며 영국으로 수출하는 쾌거를 달성하였다.

그 후 일본 전자산업의 급속한 발전에 영향을 받아 1969년에 삼성전자를 설립하였다. 또한 중화학공업으로 진출하기 위해 1974년에 화학섬유의 원료를 생산하는 삼성석유화학을 설립하였고, 1977년에는 조선소를 인수하여 삼성중공업과 방위산업업체인 삼성정밀을 각각 설립하였다.

1983년 고심 끝에 반도체 사업의 과감한 투자를 결정하였고 적자인 상황에서도 투자를 계속하여 64KD램, 256KD램, 1메가D램의 개발에 성공하였다. 이병철은 삼성전자가 반도체 사업에서 첫 흑자를 내기 직전 해인 1987년에 별세하였다.

참고문헌: 『호암자전』(이병철, 2014년 나남), 『너의 이름보다는 너의 꿈을 남겨라』(박은몽, 2010년, 명진출판), 『이병철처럼』(박시온, 2012년, FKI미디어)

■ 한국의 경영인과 기업②

삼성전자

무역(삼성물산), 제당(제일제당), 모직(제일모직) 사업에서 성공한 이병철은 일본 전자산업의 급속한 발전에 영향을 받아 1969년 신규사업으로 전자산업으로의 진출을 결심하고, 삼성전자를 설립하였다. 일본의 산요전기와 라디오, TV 등 가전제품과 전자부품의 생산 합작사를, 일본 NEC와 브라운관 등의 생산 합작사를 설립하는 데 합의하였다. 그러나 금성사(현 LG전자)를 비롯한 기존 전자업계는 국내 기술 보호라는 이유로 삼성전자의 전자산업 진출에 반대하였고, 정부는 제품 전량을 수출한다는 조건으로 삼성의 합작사 설립을 허가하였다.

설립 후 계속 적자를 보며 고전하던 삼성전자는 독자적인 생산과 그룹의 해외 판매망을 활용하는 체제로 변경하였다. 1973년 흑백 TV 52,000대의 수출과 국내 시판의 허용으로 1974년부터 흑자를 내기 시작하였고, 1975년 흑백 TV 10만대의 수출, 1978년 1억 달러 수출을 달성하였다.

컬러 TV의 생산을 위해 일본 업체와 기술제휴를 타진하였으나 거절당하고, 마쓰시다 전기의 컬러 TV 브라운관을 수입해 1주일 만에 제품을 개발하여 비록 핵심부품은 수입이었으나 컬러 TV의 생산에 성공하였다. 국내 컬러 방송이 없는 상황에서도 파나마로의 첫 수출을 계기로 1977년 43,000대, 1978년 280,000대의 수출을 달성하였다. 1980년 국내 컬러 방송 개시 이후 국내 판매량도 급증하였다.

삼성전자의 반도체 진출은 1974년 전자시계의 칩을 생산하던 한국반도체의 외국인 지분 50%를 인수하면서부터 시작하였다.

1976년 이병철의 아들 이건희의 적극 지원으로 나머지 50% 지분도 인수한 후 사명을 삼성반도체로 변경하고, 전자기기용 트랜지스터와 IC(집적회로)의 개발에 성공하였다. 하지만 여전히 적자를 면하지 못한 상태에서 삼성전자와 합병되기도 하고 삼성반도체통신으로 분리되는 과정을 거친 후 1983년 이병철은 본격적인 반도체 사업으로의 진출을 공식적으로 선언한다.

미국에 있던 한인과학자들을 영입하고 기존의 국내 반도체 개발인력과 힘을 합쳐 64KD램의 개발에 성공하여 10년 이상이던 미국과 일본과의 기술격차를 3~4년으로 좁히게 된다. 그러나 64KD램의 가격 폭락으로 1984년 이래 누적적자가 1,159억 원에 달했음에도 '우리 기술로 개발한 반도체로 세계를 제패하라'며 반도체사업을 적극 지원했던 이병철은 1987년 반도체사업이 흑자를 내기 전에 별세하였다.

한편, 국내 개발인력은 미국의 한인과학자 개발팀으로부터 256KD램 개발연수를 받은 후 밤을 새워가며 노력한 끝에 1메가D램, 4메가D램의 개발에 먼저 성공한다. 적자에도 과감한 투자를 계속한 삼성전자는 기존 업체들의 설비투자 감소로 64KD램, 256KD램, 1메가D램의 가격이 급등한 1988년에 1,649억 원의 이익을 달성하였고, 1993년에는 드디어 메모리반도체 세계 1위에 등극하였다.

삼성전자는 1993년 이래 메모리반도체 부문에서 세계 1위를 유지하며, 2020년 D램 시장점유율 43.1%를 차지하고 있다.[1] 삼성전자의 반도체 신화는 최고경영자의 과감한 결단과 적극적인 투자, 훌륭한 인재의 확보, 일본을 이기고 세계를 제패하겠다는 연구원과 직원들의 열정적인 노력의 결과이다.

이병철의 뒤를 이어 이건희는 1993년부터 '마누라와 자식 빼고 다 바꿔라'며 삼성의 혁신을 주도하여 스마트폰은 2011년부터

1) 2020년 삼성전자 사업보고서 II. 사업의 내용

2020년까지 10년 연속으로 글로벌 1위를 달리고 있고, 글로벌 TV 판매에서도 2006년부터 SONY를 제치고 1위에 올라선 후, 현재까지 15년 연속으로 세계 1위이며 2020년 글로벌 TV 판매 시장점유율은 31.9%에 이른다.[2] 한국은 몰라도 삼성은 알 정도로 삼성을 글로벌 브랜드로 만든 이건희는 2020년 타계하였다.

참고문헌: 『호암자전』(이병철, 2014, 나남), 『너의 이름보다는 너의 꿈을 남겨라』(박은몽, 2010, 명진출판), 『이병철처럼』(박시온, 2012, FKI미디어), 『삼성전자 신화와 그 비결』(강진구, 1996, 고려원), 『열정을 경영하라』(진대제, 2006, 김영사)

2) 위의 사업보고서

〈회계용어 초성퀴즈 (I장)〉

번호	용어 설명	용어 초성
1	아파트, 사무실, 점포 등을 빌려준 대가로 받은 돈	ㅇㄷㄹ (ㅇㄷㅅㅇ)
2	수익이 비용을 초과한 경우 수익에서 비용을 차감한 금액	ㅇㅇ
3	특정 기간의 영업이 종료된 후 수익, 비용, 이익을 계산하는 절차	ㄱㅅ
4	비용이 수익을 초과한 경우 비용에서 수익을 차감한 금액	ㅅㅅ
5	수익을 창출하기 위해 지출한 돈	ㅂㅇ
6	재화를 판매하여 발생한 수익	ㅁㅊㅅㅇ
7	아파트, 사무실, 점포 등을 빌린 대가로 지급한 돈	ㅇㅊㄹ
8	물건을 팔거나 용역을 제공하여 번 돈	ㅅㅇ
9	특정 기간에 발생한 수익, 비용, 이익을 보여주는 표	ㅅㅇㄱㅅㅅ
10	이익이 난 것을 말하는 것으로 검은색 잉크로 적던 관행에서 유래된 말	ㅎㅈ
11	용역을 제공하여 발생한 수익	ㅇㅇㅅㅇ
12	손실이 난 것을 말하는 것으로 빨간색 잉크로 적던 관행에서 유래된 말	ㅈㅈ

II. 경영동아리

2.1 정기 모임

설아, 병수, 연우는 축제가 끝난 다음 주에 열린 경영동아리의 정기 모임에 참석했다. 설아는 축제에서 운영한 팥빙수 가게의 경험을 동아리 부원에게 소개했고, 설아의 이야기를 듣고, 동아리 부원들은 세 사람에게 여러 가지 질문을 쏟아 냈다.

동아리 부장인 준호는 팥빙수를 몇 개나 팔아야 이익이 나는 것인지를 궁금해 했고, 동아리 차장인 서현은 팥빙수 가게에서 판매량을 더 늘릴 수 있는 방법으로는 무엇이 있는지를 물어보았으며, 동아리 부원인 민수는 만약 팥빙수 가게에서 빙수기를 대여하지 않고 구입하여 사용한다면 구입비가 모두 비용이 되는 것인지를 질문했다.

설아, 병수, 연우는 모두 한 번도 생각해 본 적이 없는 질문들이라 바로 답할 수가 없었고, 경영동아리 담당 한경영 선생님께 여쭈어 보기로 했다. 한경영 선생님은 세 사람의 질문을 듣고, 그것을 알려면 먼저, 고정비와 변동비, 그리고 감가상각의 개념을 알아야 한다고 말씀하시며 설아, 병수, 연우에게 다음 동아리 모임 때까지 고정비와 변동비, 감가상각, 그리고 팥빙수 가게의 판매량 증대 방법에 대해서 조사한 후 내용을 요약하여 보고서로 제출하라는 과제를 주셨다.

과제를 부여받은 세 사람은 학교를 나서며 질문하러 갔다가 이게 무슨 날벼락이냐며 투덜댔지만, 설아는 오빠인 설국에게 물어보면 잘 가르쳐 줄 거라며 병수와 연우를 안심시켰다. 설아는 설국에게 고정비와 변동비, 감가상각에 관해 물어본 후 설국이 설명해 준 내용을 바탕으로 보고서 전반부를 작성하였고, 병수와 연우는 팥빙수 판매량 증대 방법을 조사하여 보고서 후반부를 작성하였다.

2.2 고정비와 변동비

그다음 주에 열린 경영동아리 모임에서 한경영 선생님은 설아에게 작성한 보고서를 바탕으로 고정비와 변동비를 설명해 보라고 하셨다. 다음은 설아가 고정비와 변동비에 관해 발표한 내용이다.

학교 축제의 팥빙수 가게는 애초에 예상 판매량을 100개로 계획하였다. 그런데 만약 학생 수가 많아 팥빙수를 200개까지 판매하는 것이 가능하다면 수익, 비용, 순이익에 어떤 변화가 올까?

먼저, 세 명이 먹거리장터에서 같은 시간에 팥빙수 200개를 만들어 판매하는 것이 가능하다고 가정하고, 팥빙수 200개의 판매 시 예상되는 총비용을 다음과 같이 산출하였다. 학교 축제의 팥빙수 가게에서는 연유와 얼음이 예상보다 더 소비되었으나 여기서는 팥빙수의 제조가 익숙해져서 <표 1.2>의 팥빙수 100개 재료량의 정확히 2배를 사용하면 200개의 제조가 가능하다고 가정한다.

〈표 2.1〉 200개 팥빙수 판매 시 비용

구 분	품 목	금 액	비고(괄호는 100인분)
고정비	학교 임차료	50,000원	
	빙수기 대여료	44,000원	
변동비	빙수팥 캔	15,800원	(3kg × 1개) × 2
	후르츠믹스 캔	15,200원	(850g × 2개) × 2
	빙수떡	10,200원	(250g × 3봉) × 2
	미숫가루	7,400원	(1kg × 1개) × 2
	연유	16,000원	(500g × 2개) × 2
	딸기시럽	16,000원	(500g × 2개) × 2
	레인보우스프링클	10,800원	(380g × 1개) × 2
	일회용 빙수 용기	18,400원	(100개) × 2
	일회용 숟가락	10,400원	(100개) × 2
	얼음	30,000원	(1kg × 10개) × 2
합 계		244,200원	

판매량이 100개에서 200개로 두 배 늘고, 판매가격은 3,000원으로 변동이 없다면, 매출수익은 300,000원에서 600,000원으로 정확히 2배 증가한다. 그런데 판매량이 두 배 늘어나면 비용은 얼마나 증가할까? 비용도 정확히 두 배로 늘 것으로 생각하기 쉽다.

그러나 비용 중에는 100개 팔 때나 200개 팔 때나 변하지 않는 비용이 있다. 여기서는 가게 개설을 위해 학교에 지급하는 임차료와 빙수기 대여료가 판매량이 늘어도 변하지 않는 비용에 해당한다. 판매가 늘었다고 해서 학교에 임차료를 더 지급하는 것은 아니다. 마찬가지로 빙수기 대여료도 하루 동안 빌린 대가로 대여료를 지급하기 때문에 판매량이 늘든 줄든 대여료는 변하지 않는다.

이처럼 판매량이 증가해도 변하지 않는 비용을 **고정비**라고 한다. 반대로 판매량이 증가하면 함께 증가하는 비용을 **변동비**라고 부른다. 만약 모든 비용이 변동비라면 판매량이 두 배가 늘 때 수익과 비용이 똑같이 두 배 증가하므로 순이익도 정확히 두 배가 증가한다.

하지만 비용 중에 고정비가 있다면 수익은 두 배 증가하지만, 비용은 변동비만 두 배 증가하고, 고정비는 변하지 않으므로 총 비용은 두 배보다는 적게 증가한다. 따라서 고정비가 있으면 판매량이 두 배 증가할 때 순이익은 두 배보다 더 많이 증가하게 된다. 설아, 병수, 연우가 운영한 팥빙수 가게에서 팥빙수를 100개 팔 경우와 200개 팔 경우, 수익, 비용, 순이익의 비교는 다음과 같다.

〈표 2.2〉 예상 판매량 100개와 200개의 수익, 비용, 순이익 비교

구 분		판매량 100개	판매량 200개	비고
매출수익		300,000	600,000	판매량 × 판매가격
비용	고정비	94,000	94,000	가게 임차료, 빙수기 대여료
	변동비	75,100	150,200	팥빙수 재료비, 용기 및 숟가락 구입비
	합계	169,100	244,200	고정비 + 변동비
순이익		130,900	355,800	

만약 모든 비용이 변동비라면, 판매량이 100개에서 200개로 증가하면, 순이익은 판매량 100개일 때 순이익 130,900원의 두

배인 261,800원으로 증가한다. 그러나 <표 2.2>에 포함된 고정비 94,000원은 가게 임차료와 빙수기 대여료로서 판매량이 증가해도 변동이 없다.

반면, 판매량이 200개일 때 팥빙수 재료비와 용기 및 숟가락 구입비는 변동비로서 판매량 100개일 때 비용 75,100원의 두 배인 150,200원이 된다. 따라서 총비용은 244,200원(= 94,000원 + 150,200원)이고, 총수익 600,000원(= 200개 × 3,000원)에서 244,200원을 차감하면 순이익은 355,800원이다.

결과적으로 판매량 200개의 순이익 355,800원은 판매량 100개의 순이익 130,900원의 두 배인 261,800원보다도 정확히 고정비 94,000원(= 355,800원 - 261,800원)만큼 더 크다. 그러므로 비용 중에 고정비가 포함되어 있다면 판매량이 늘어날수록 고정비 효과로 순이익은 판매량의 증가율보다 더 많이 증가한다.

<표 2.2>에서 판매량 100개의 순이익은 130,900원이므로 1개당 1,309원(= 130,900원 ÷ 100개)의 순이익이 생기고, 판매량 200개의 순이익은 355,800원이므로 1개당 1,779원 (= 355,800 ÷ 200개)의 순이익이 생기는 셈이다.

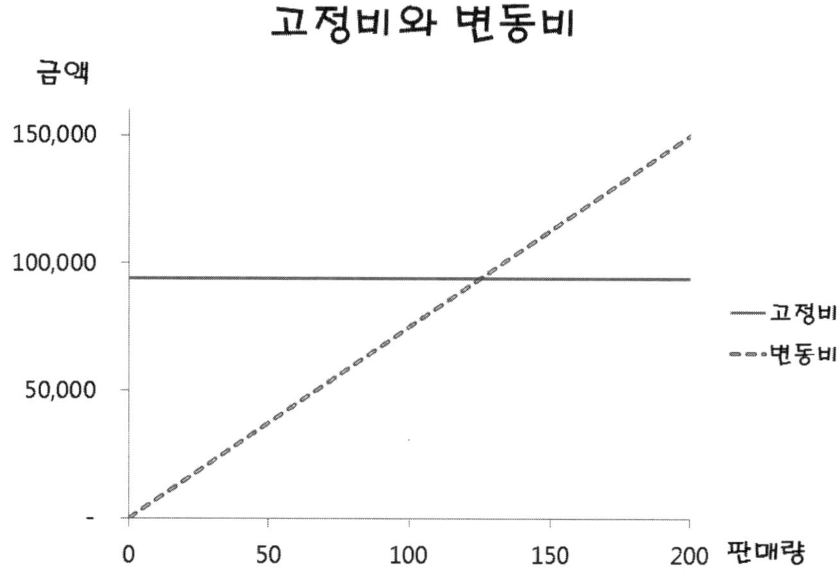

설아의 발표가 끝나자 한경영 선생님은 고정비와 변동비의 개념 차이를 잘 설명해 준 설아를 칭찬하셨고, 이러한 개념을 바탕으로 동아리 부장 준호가 제기한 질문으로 돌아가 보자고 하셨다.

2.3 손익분기점

준호의 질문은 학교 축제의 팥빙수 가게는 팥빙수를 몇 개나 팔아야 이익이 날 수 있느냐이다. 한경영 선생님은 설아가 설명한 고정비와 변동비의 개념을 사용하여 다음과 같이 설명해 주셨다.

<표 2.2>에서 팥빙수 100개를 판매할 때 변동비가 총 75,100원이므로 팥빙수 한 개를 판매할 때 변동비는 751원(= 75,100원 ÷ 100개)이다.

팥빙수 한 개의 가격은 3,000원이므로 팥빙수 한 개의 변동비 751원을 차감하면 팥빙수 한 개의 판매로 남는 이익은 2,249원(= 3,000원 - 751원)이다. 한편, 팥빙수의 판매와 관계없이 팥빙수 가게를 열기 위해서 지출해야 하는 고정비로는 가게 임차료 50,000원과 빙수기 대여료 44,000원이 있다.

그렇다면 팥빙수 가게를 여는데 총 94,000원의 고정비가 발생하는데 팥빙수 한 개의 판매로 2,249원이 남으므로 팥빙수 판매로 고정비 94,000원을 모두 회수할 수 있는 판매량은 다음과 같이 계산할 수 있다.

94,000원 ÷ 2,249원 = 41.8개

따라서 팥빙수 41.8개, 즉 42개를 팔면 고정비 94,000원을 모두 회수할 수 있으므로 적어도 손실은 나지 않고, 판매량이 42개 미만이면 손실이 난다. 그러므로 동아리 부장 준호가 질문한 팥빙수 몇 개를 팔아야 이익이 나느냐의 답은 42개이다.

회계에서 고정비를 모두 회수하여 이익도 손실도 나지 않는 기점을 **손익분기점**이라고 한다. 학교 축제 팥빙수 가게의 손익분기점 판매량은 42개이고, 손익분기점의 총수익은 126,000원(= 42개 × 3,000원)이고 총비용은 고정비 94,000원과 변동비 31,542원(= 42개 × 751원)을 합친 125,542원으로 수익과 비용이 거의 일치한다.

팥빙수 가게가 이익을 내려면 적어도 42개를 팔아야 하는데 학교 축제의 팥빙수 가게는 총 세 시간을 영업하므로 평균적으로 한 시간에 14개(= 42개 ÷ 3시간)를 팔면 적어도 손실은 발생하지 않는다.

2.4 판매량 늘리기

다음으로 한경영 선생님은 병수에게 동아리 차장 서현이가 질문한 팥빙수의 판매량을 더 늘리는 방법에 관해 발표해 보라고 하셨다. 다음은 병수가 발표한 판매량 증가 방법에 관한 내용이다.

판매량은 기본적으로 판매가격이 내리면 늘어나고, 가격이 오르면 감소한다. 만약 판매가격에 변동이 없다면 다음과 같은 방법이 판매량을 증가시킬 수 있다. 첫째, 기존 팥빙수의 맛을 개선하거나 다른 가게에서는 맛볼 수 없는 새로운 팥빙수 메뉴를 개발한다. 고객이 맛에 만족하거나 이곳에서만 먹을 수 있는 메뉴라면 재방문으로 이어지고, 판매량이 증가할 것이다.

둘째, 팥빙수 가게에 대한 광고를 늘려 가게의 인지도를 높인다. 맛이 좋고, 새로운 메뉴가 있다고 하더라도 많은 사람이 가게의 존재를 알지 못하면 매출이 증가하는 데는 시간이 걸릴 수 있다.

셋째, SNS 등을 통해 팥빙수 가게와 팥빙수 맛에 대한 소문이 나도록 노력한다. 과거와 달리 요즘은 교통의 발달로 공간적 제약이 크게 줄었다. 거리가 멀어도 맛집이라면 얼마든지 찾아갈 의사가 있는 사람들이 많기 때문이다. 광고 이외에 포털사이트나 맛집 추천사이트에 고객이 올린 방문후기 또는 SNS에 올린 리뷰를 통해 소문이 퍼지면 매출수익은 단기간에도 크게 증가할 수 있다.

넷째, 가게에서 먹기 위한 현장 주문 외에 포장 주문(테이크아웃) 또는 배달 주문을 받는다. 매장의 크기는 한정되어 있고, 매장을 늘리는 것은 시간과 비용이 많이 든다. 그러나 패스트푸드 가게처럼 테이크아웃 주문을 받는다면 매장을 늘리지 않고도 매출을 극대화할 수 있다. 특히, 배달앱의 발달로 직접 방문하지 않고도 주문할 수 있으므로 배달 주문이 가능하면 판매량이 늘 수 있다.

빙수 가게 판매량 늘리기

- 빙수의 맛 개선, 신 메뉴 개발
- 광고를 늘려 가게의 인지도 제고
- SNS 등으로 가게와 빙수 맛에 대한 입소문 전파
- 현장주문 외에 포장 및 배달주문 허용

위의 방법 중에서 판매량을 늘리는 데 있어 가장 중요한 것은 팥빙수의 맛을 개선하는 것이다. 하지만 단기간에 맛을 개선하는 데는 한계가 있다. 맛에 어느 정도 자신이 있다면 광고를 늘려 가게에 대한 인지도를 높이는 것이 필요하다. 문제는 광고비가 추가로 발생하므로 광고로 인한 매출수익의 증가가 조금 전 소개했던 변동비의 증가와 광고비의 합계보다 커야 최종적으로 이익도 증가할 수 있다.

만약 가게의 공간이 협소하다면 판매량을 늘리는 데 한계가 있으므로 포장 또는 배달 주문을 허용하는 것도 좋은 방법이다. 포장 또는 배달 주문은 포장과 배달 비용이 추가로 들기는 하지만, 보통 매장 공간이나 매장 내에서 일하는 종업원을 더 늘릴 필요가 없기 때문에 임차료와 인건비의 증가 없이 판매를 늘릴 수 있다.

병수의 발표를 듣고, 한경영 선생님은 조금 전 설아가 설명한 고정비와 변동비와 관련하여 다음과 같이 몇 가지 말씀을 추가해 주셨다.

앞서 판매량이 증가할수록 고정비의 효과로 개당 순이익이 증가함을 이해하였다. 그렇다면 팥빙수를 많이 사는 사람에게는 가격을 할인해 줄 여지가 있고, 그렇게 함으로써 고객은 많이 살수록 개당 가격이 낮아지는 효과를 볼 수 있으므로 판매량이 증가할 수 있다. 예를 들면, 몇 개 이상 주문 시 할인을 해주거나 누적으로 10개를 사면 1개를 무료로 받을 수 있도록 스탬프 카드를 나누어 주는 방법을 고려해 볼 수 있다.

한편, 일반적으로 팥빙수의 재료를 구입할 때도 소량으로 살 때보다 대량으로 사면 더 싸게 살 수 있다. 예를 들어, 딸기가 출하되는 시점에 대량으로 저렴하게 구매한 후 딸기를 재료로 만든 빙수를 할인된 가격으로 판매하는 전략도 고려해 볼 수 있다.

다만, 판매량이 증가하여 기존의 종업원 수로는 감당할 수 없을 정도로 커진다면 사람을 더 고용하거나 기계를 추가로 빌려야 하는데 이로 인한 추가 인건비 또는 대여료는 변동비가 된다. 따라서 이러한 경우는 판매량의 증가로 인한 수익의 증가가 추가로 발생하는 인건비 또는 대여료를 모두 포함한 변동비의 증가보다 작다면 순이익은 오히려 감소할 수도 있음에 주의해야 한다.

2.5 감가상각

이번에는 한경영 선생님이 연우에게 감가상각에 대한 설명을 부탁하셨다. 연우는 작성한 보고서의 내용을 바탕으로 감가상각에 관해 다음과 같이 발표했다.

학교 축제의 팥빙수 가게 사례에서는 팥빙수 빙수기를 대여업체로부터 하루 동안 44,000원을 지급하고 빌려서 사용하였다. 빙수기를 한 달간 빌려 팥빙수를 판매한다면 1개월 치의 대여료 1,320,000원(= 44,000원 × 30일)을 지불하고, 그달의 총비용을 계산할 때도 1개월 치의 대여료를 포함한다.

그런데 동아리 부원 민수가 질문한 것처럼, 만약 점포를 얻어 본격적으로 팥빙수 가게를 개업하는 사람이 빙수기를 빌리는 대신 빙수기를 120만 원에 구입하여 사용한다고 가정하자. 그렇다면 구입한 빙수기를 사용하여 한 달간 영업한 후 팥빙수 가게의 순이익을 계산할 때 총비용에는 빙수기의 구입 비용 120만 원을 모두 포함해야 할까? 아니면 그중 일부만을 포함해야 할까?

가장 간단한 방법은 빙수기 구입에 현금 120만 원을 지출하였으므로 이를 모두 그달의 비용에 포함하는 것이다. 그런데 이 빙수기는 구입 후 5년간 사용할 수 있다고 가정해 보자. 그럼에도 빙수기 구입비 120만 원을 모두 구입한 달의 비용에 포함한다면 그다음 달부터 남은 기간의 비용에는 빙수기 구입비가 하나도 포함되지 않을 것이다.

그 결과, 빙수기를 구입한 달은 구입비 120만 원이 포함되므로 총비용이 매우 크고, 순이익도 매우 작거나 손실이 날 것이다. 하지만 그 이후 기간은 빙수기 구입비가 더 이상 비용에 포함되지 않으므로 비용이 상대적으로 작고, 순이익은 커질 것이다.

빙수기 구입비를 구입한 달에 모두 비용으로 포함함으로써 발생하는 이러한 문제를 해결할 수 있는 방법은 무엇일까? 빙수기를 5년, 즉 60개월(= 5년 × 12개월) 동안 사용한다면 구입비 120만 원을 60개월로 나눈 20,000원(= 1,200,000원 ÷ 60개월)을 매달 비용으로 처리하면 특정 기간에 비용이 너무 많이 포함되는 문제를 해결할 수 있다.

빙수기와 같이 1년 넘게 사용하는 전기전자제품, 기계, 자동차 등의 구입비를 사용하는 기간에 걸쳐 나누어서 비용으로 처리하는 것을 **감가상각**이라고 하고, 감가상각에 따라 포함되는 비용을 **감가상각비**라고 한다.

빙수기 취득금액의 비용처리방법 비교

- 빙수기 취득금액: 120만원
- 사용기간: 5년(5년 후 폐기)

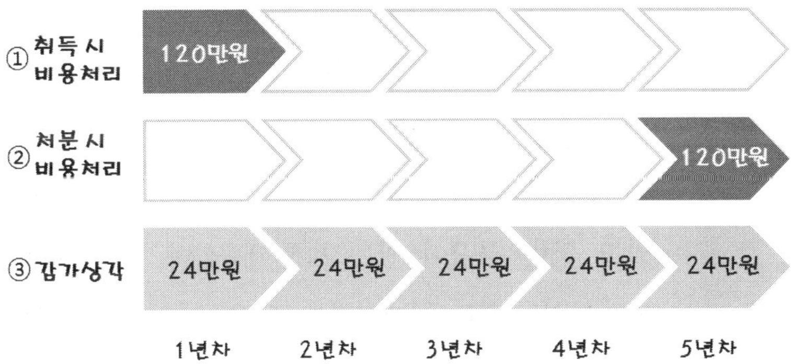

한경영 선생님은 연우의 발표가 끝나자 감가상각을 적용하는 근본적인 원인에 대해 다음과 같이 말씀해 주셨다.

만약, 빙수기를 아무리 사용해도 성능에 문제가 없고, 영구히 사용할 수 있다면 감가상각을 할 필요는 없다. 따라서 감가상각이 필요한 근본적인 이유는 빙수기를 일정 기간 사용하고 나면, 수명이 다 되어 사용할 수 없게 되기 때문이다. 그리고 1년을 초과하여 사용하는 자산의 구입비를 비용으로 처리한다면 사용기간 동안 나누어 비용으로 처리하는 것이 가장 합리적이다.

실제 기업에서 감가상각이 적용되는 대상 자산으로는 1년을 초과하여 사용하는 기계, 자동차, 건물, 가구, 전기전자제품 등이 있다. 토지도 1년을 초과하여 사용하지만 시간이 지나도 마모가 있다거나 수명이 있다고 보기 어렵기 때문에 토지에 대해서는 감가상각을 하지 않는다.

2.6 회계란?

마지막으로 한경영 선생님은 지금까지 팥빙수 가게의 운영과 관련된 여러 가지 이야기를 나누었는데 주제가 주로 회계에 관한 것이었다고 말씀하시면서 회계가 정확히 무엇인지 알고 있는 사람이 있는지 물어보셨다. 동아리 부원들은 서로 바라보며 회계, 회계사라는 말은 많이 들어보았지만, 회계가 정확히 무엇인지는 말로 표현하기가 어려웠다.

아무도 대답하지 않자 연우는 조심스럽게 회계는 돈이 들어오고 나가는 것을 기록하는 것인 것 같다고 답했다. 한경영 선생님은 연우가 회계의 핵심적인 부분을 잘 말했다고 칭찬하신 후 회계의 정의에 대해 다음과 같이 설명해 주셨다.

일반적으로 사람들은 회계를 사업 또는 장사를 하면서 발생한 거래를 기록하는 것으로 생각하지만, 이것은 부분적으로만 맞는 말이다. 거래를 기록하는 것에 그치면 회계가 아니다. 기록한 후 누군가에게 그 결과를 전달하는 과정이 있어야 회계가 된다.

예를 들어, 어머니가 집에서 쓰시는 가계부는 회계인가? 가계부는 집안 살림과 관련된 현금의 유입과 유출을 기록하는 것이지만 누군가에게 그 결과를 전달하지는 않는다. 따라서 가계부를 회계라고 볼 수는 없다.

다른 예로, 친구 다섯 명이 각각 20만원을 내서 여행을 함께 가기로 하고, 그중 한 명인 서준이가 현금의 출납을 담당하기로 했다. 서준은 친구들로부터 20만원씩 받고, 지출 내역을 꼼꼼히 기록하였으며 여행이 끝난 후, 친구들에게 지출 내역을 한 장의 종이에 정리하여 총 100만원 중 90만원이 지출되었고 10만원이 남았음을 보여주었다. 서준이가 한 일은 회계에 해당한다. 왜냐하면 지출 내역을 기록하고, 그 결과를 친구들에게 전달했기 때문이다.

한경영 선생님은 결론적으로 **회계**(accounting)란 발생한 거래를 기록하여 그 결과를 정보가 필요한 사람에게 전달하는 일련의 과정(process)을 뜻한다고 설명해 주셨다. 이러한 설명에 대해 병수는 그럼 기록만 하고 그 결과를 전달하지 않으면 어떤 문제가 있는지를 여쭈어 보았다.

선생님은 좋은 질문이라고 말씀하시며 동아리 부원들에게 조금 전에 들었던 예에서 서준은 친구를 대신해서 돈을 맡아 여행경비를 지출하는 역할을 담당했는데 서준이가 여행이 끝난 후 친구들에게 여행경비에 관해 아무 말도 하지 않았다면 어떻게 되었을까를 물어보셨다.

동아리 부장인 준호는 친구들이 서로 친하다면 서준이가 알아서 잘 사용했을 것으로 믿을 수도 있겠지만 작은 의심이 생길 수도 있을 것 같다고 대답했다. 이에 대해 선생님은 다른 부원들도 그렇게 생각하느냐고 말씀하시며 그럼 의심이 생기지 않으려면 어떻게 해야 좋을지 준호에게 다시 물어보셨다. 준호는 여행경비 지출을 담당한 서준이가 여행이 끝난 후 지출 내역을 친구들에게 요약하여 보여주면 될 것 같다고 말했다.

선생님은 "바로 그거야."라고 하시며, 지출을 기록하고 그 결과를 전달해야 여행경비 지출의 역할을 맡긴 친구들이 믿을 수 있고, 역할을 맡은 사람도 책임을 다했다는 만족감을 느낄 수 있다고 말씀하셨다.

한경영 선생님은 회계는 돈이 들어오고 지출되는 모든 조직에서 필요하다고 말씀하시고, 특히, 기업에서 회계는 어떤 역할을 하는지를 부원들에게 물어보셨다. 동아리 차장인 서현은 회계는 기업의 경영자에게 사업을 통해 돈을 얼마나 벌고 있는지, 그리고 얼마의 이익이 나는지를 알려 주는 역할을 하는 것 같다고 답했다. 선생님은 기업에서 회계의 역할을 기업 내부의 사람들과 외부의 사람들로 나누어 다음과 같이 설명해 주셨다.

먼저, 기업 내부의 사람들에게는 기업이 사업을 통해 발생한 수익과 비용, 그리고 그 결과로서 이익이 얼마인지를 보여줌으로써 현재의 영업활동이 성공적인지를 알려 주는 역할을 하는데, 비용이 수익을 초과하여 손실이 난다면 현재 영업활동에 문제가 있음을 알려 주는 것이기도 하다고 말씀하셨다. 이것은 마치 자동차의 계기판이 주행하는 차의 상태를 알려 주고, 문제가 있다면 경고등을 켜 주는 것과 비슷한 역할이다.

또한 회계는 기업 외부의 이해관계자에게 기업에 관한 정보를 제공하는 역할을 한다. 은행이 기업에 돈을 빌려줄 때, 그리고 투자자가 투자할 주식을 고를 때 필요한 것이 해당 기업에 관한 정보인데, 회계는 기업의 수익, 비용, 이익 등 영업에 관한 중요한 정보를 은행과 투자자들에게 제공함으로써 그들의 의사결정에 도움을 준다.

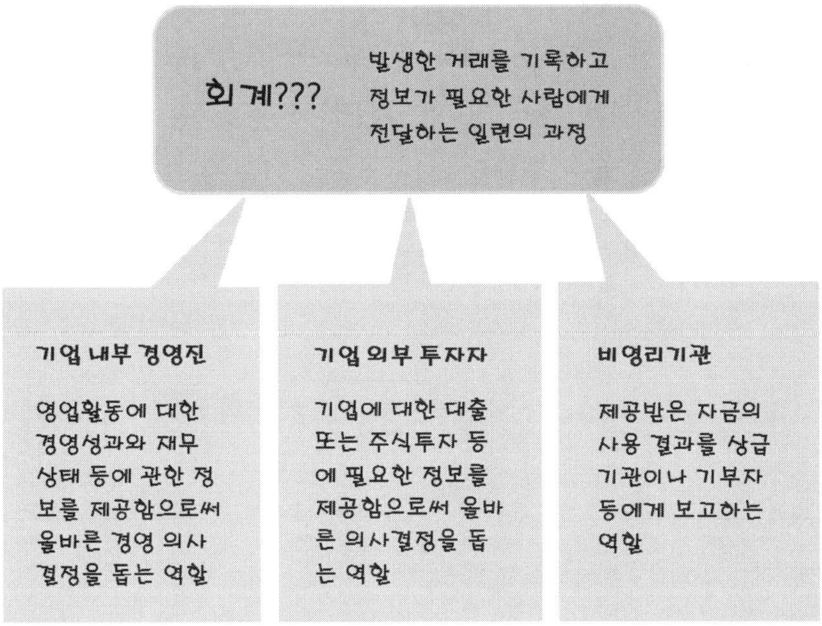

끝으로 병수는 아까 회계는 돈이 들어오고 나가는 모든 조직에서 필요하다고 말씀하셨는데 학교나 사회복지기관과 같은 비영리기관에서는 회계가 왜 필요한지를 여쭈어보았다. 한경영 선생님은 동아리 부원들의 질문이 너무 날카롭다고 하시며 다음과 같이 말씀하셨다.

학교나 사회복지기관은 교육청 또는 지방자치단체 등 상급기관으로부터 예산을 받거나 일반인들의 기부금 등으로 운영되므로 받은 돈을 어디에 어떻게 사용했는가를 기록하여 상급기관이나 기부자에게 보고할 의무가 있다. 따라서 이러한 조직에 회계가 없거나 부실하다면 소중한 예산과 기부금이 잘못 사용되거나 낭비될 가능성이 커진다.

경영동아리 부원들은 오늘 수업을 통해 회계는 기업을 비롯한 모든 조직에서 필요한 것이고, 사업의 성과, 자금의 집행 결과 등의 정보를 제공하여 정보이용자의 올바른 의사결정을 돕는 역할을 하는 것임을 배울 수 있었다.

◈ 회계 더 알기①

회계의 분류

회계는 크게 재무회계, 관리회계, 세무회계, 회계감사로 분류된다. **재무회계**(financial accounting)는 기업이 외부로부터 자금을 조달하기 위해 기업활동에서 발생한 거래를 기록하고 재무제표를 작성하는 과정을 말한다. **관리회계**(management accounting)는 경영자의 의사결정을 위해 필요한 회계정보를 제공하는 과정으로, 예를 들면, 제품의 제조원가 산출, 사업부서별 경영성과의 측정 등을 포함한다.

세무회계(tax accounting)는 일정 기간 기업활동의 결과로 획득한 소득(이익)에 대해 국가에 납부할 세금을 계산하는 과정이다. **회계감사**는 타인이 작성한 회계정보가 기준에 따라 올바르게 작성되었는지를 검토한 후 적정 여부에 대한 의견을 표명하는 과정이다.

그 밖에도 국가, 지방자치단체, 비영리기관(공적 이익을 목적으로 하는 기관)의 회계를 다루는 **비영리회계**(nonprofit organizations accounting), 컴퓨터와 정보기술을 이용한 회계처리 및 회계정보의 분석 시스템의 구축을 다루는 **회계정보시스템**(accounting information system)도 회계의 영역에 포함된다.

◈ 회계 더 알기②

부기의 역사

회계와 함께 흔히 사용되는 용어로 **부기**(bookkeeping)가 있다. 부기는 발생한 거래를 장부에 기록하는 것을 말하는데 부기는 회계의 일부로 볼 수 있다. 인류 역사상 가장 오래된 부기는 무엇일까?

인류 최초의 문명인 티그리스강과 유프라테스강 유역에서 발생한 메소포타미아 문명에서 기원전 3,500년경에 세금으로 획득한 물품의 출입에 대한 기록이 점토판에 쐐기문자로 남아 있다. 이것을 현존하는 가장 오래된 부기로 본다.

부기에는 단식부기와 복식부기가 있다. 단식과 복식은 스포츠 경기에서도 사용되는 말로서 단식은 한 명 또는 한 번, 복식은 두 명 또는 두 번이라는 말이다. **단식부기**는 거래를 한 번 기록하는 것으로서 가정에서 쓰는 가계부가 단식부기에 해당한다. **복식부기**는 거래를 왼쪽(차변)과 오른쪽(대변)으로 나누어서 기록하는 방법으로 거래마다 왼쪽의 합과 오른쪽의 합은 일치하며 기업 대부분이 현재 사용하는 기록 방법이다.

복식부기는 십자군 전쟁 이후 이탈리아 북부지방에서 상업의 발달과 함께 상인들에 의해 생성된 것으로 추정된다. 역사상 가장 오래된 복식부기 자료는 현재 이탈리아 피렌체 도서관이 소장하고 있는 1211년 피렌체의 은행이 양피지에 남긴 장부이다.

복식부기를 설명한 책으로 역사상 가장 오래된 것은 1494년 이탈리아의 수도사 **루카 파치올리**(Luca Pacioli)가 쓴 『산술, 기하, 비율 및 비례 총람』이다. 루카 파치올리는 원래 수학자로서 수학 백과사전으로 쓴 이 책의 일부에 베네치아 지방에서 사용되던 복식부기를 상세히 설명하였다.

루카 파치올리의 책에 포함된 기본적인 복식부기 원리는 지금도 사용되고 있다. 이 책은 당시 상업이 발달했던 네덜란드에서도 번역되어 발간되었고, 그 후 영국, 프랑스 등에 번역본이 출간되면서 복식부기의 전파에 큰 공헌을 하였다.

그 후 복식부기는 미국을 거쳐 동양권에는 일본을 통해 유입되었고, 한국에서 서양의 복식부기 책이 처음 나온 것은 1908년에 임경재가 쓴 '간이상업부기학'이다. 그러나 우리나라에는 서양의 복식부기가 들어오기 전부터 개성지방에서 사용되던 고유의 **사개송도치부법**이라는 기록 방법이 있었다. 정확히 언제부터 사용되기 시작했는지는 알려지지 않지만, 복식부기로 인정받고 있다. 1916년에 현병주가 '실용자수사개송도치부법'이라는 책을 발간하였고, 1940년대까지도 사용되었으나 지금은 사용되고 있지 않다.

〈야코포 데 바르바리의 '루카 파치올리의 초상'(1495년) - 나폴리 국립 미술관〉

■ 한국의 경영인과 기업③

정주영과 현대

정주영은 1915년 지금은 북한 지방인 강원도 통천군 송전면 아산리에서 가난한 농부의 6남 2녀 중 장남으로 태어났다. 초등학교를 2등으로 졸업하였으나 어려운 집안 형편 때문에 진학할 수 없었다. 아무리 노력해도 가난을 벗어날 수 없는 농사일보다는 차라리 막노동이 낫겠다는 생각으로 세 차례나 가출했으나 결국 집으로 돌아온다.

마지막 네 번째로 가출하여 인천 부두의 막노동판, 고려대학교 건설현장, 엿공장 견습공을 거친 후 서울 신당동의 쌀집 점원으로 취직한다. 신속한 배달을 위해 사흘 동안 밤에 자전거 타는 법을 습득하였고, 비가 오는 날에도 쌀이 떨어진 식당 주인을 위해 비를 맞으며 배달하였다.

정리 안 된 창고를 곡물 순으로 정리하여 재고를 파악하기 쉽게 하였고, 두 번째 가출 때 잠시 다녔던 부기학원에서 배운 지식을 이용하여 장부를 깨끗이 정리하였다. 고객의 주문이 예상되는 시기에 미리 쌀을 들고 방문하는 열성도 보였다. 결국 주인은 자기 아들에게 가게를 물려주지 않고, 정주영에게 쌀가게를 양도하였다. 그러나 중·일전쟁으로 쌀 배급제가 실시되면서 쌀가게의 문을 닫게 되었다.

그 후 1940년 자동차 수리공장을 인수하여 차량 정비로 돈을 벌기 시작하였으나 화재로 공장과 고객의 차가 소실되고 만다. 그러나 그동안 쌓아 온 신용으로 돈을 빌려 다시 시작하였고, 남보다 빨리 고쳐주는 서비스로 재기에 성공하였다.

해방 후 정주영은 어느 날 관청에 자동차 수리대금을 받으러

갔다가 건설업자가 훨씬 큰 금액을 받아 가는 것을 보고, 1947년 건설회사인 현대토건을 설립하였다. 1950년 한국전쟁이 발발하여 부산으로 피난 간 그는 미군부대 통역장교인 동생 정인영(한라그룹 창업)의 도움으로 미군부대에서 건설사업을 수행하였다.

한국전쟁 후 정부 발주공사로 경북 고령교 건설을 수주했으나 홍수와 사고로 큰 손해를 입고 천신만고 끝에 공사를 완공하였다. 이후 한강 인도교 공사, 단양 시멘트 공장, 화력발전소, 춘천댐 건설에 참여하였고, 해외 진출을 시도하여 1965년 태국 고속도로 건설 수주에 성공하였다.

태국의 고속도로 공사에서 비록 적자를 보았으나 이후의 해외 진출, 경부고속도로 건설의 소중한 경험이 되었다. 한편, 국내에서는 소양강댐, 부산 항만공사를 우리 기술로 완공하고, 경부고속도로 공사에 유일하게 고속도로 건설 경험이 있는 업체로 참여하여 전체의 40% 구간을 완공하였다.

1973년 오일쇼크 발생 후 현대건설은 외화 획득을 위해 중동 진출을 시도한다. 1976년 사우디아라비아의 주베일 항만공사 수주에 성공하여 당시 외환 부족에 시달리던 국가 재정에 크게 기여하였다. 정주영은 중동은 덥고 물이 없어 공사가 불가능하다는 말에 낮에 자고 밤에 일하며 물은 바닷물을 담수화하거나 수송하여 사용하면 되고, 비가 안 오니 1년 내내 공사가 가능하므로 건설공사 하기가 좋다는 긍정적 마인드로 난관을 돌파한다. 모두가 불가능하다고 했으나 항만공사에 필요한 철 구조물을 울산 조선소에서 제작하여 배로 중동까지 19번에 걸쳐 운반하기도 했다.

정주영은 현대건설을 필두로 이후 현대자동차, 현대중공업, 현대미포조선, 현대상선, 현대종합상사, 현대전자 등을 설립하였고, 1988년 서울올림픽 유치위원장으로서 주도적인 역할을 담당하여 우세하던 일본 나고야를 물리치고 올림픽 개최지 서울 확정을 성취하였다.

1992년 정계에 입문, 통일국민당을 창당하고 대통령 선거에도 출마하였으나 낙선하였다. 1998년 두 차례나 500마리의 소를 싣고 판문점을 통해 북한을 방문하였고, 금강산 관광 등 남북협력 사업을 추진하였다. 2001년 3월 서울아산병원에서 86세를 일기로 별세하였다.

정주영의 현대그룹은 현재 현대자동차그룹(현대자동차, 기아자동차, 현대모비스, 현대건설 등), 현대중공업그룹(현대중공업, 현대미포조선, 현대오일뱅크 등), 현대그룹(현대엘리베이터, 현대아산 등)으로 분리되었다.

참고문헌: 『이 땅에 태어나서』(정주영, 1998, 솔), 『영원한 도전자 정주영』(허영섭, 2015, 나남), 『시련은 있어도 실패는 없다』(정주영, 1991, 제삼기획),

■ 한국의 경영인과 기업④

현대자동차

1940년 '아도서비스'라는 자동차 정비공장으로 본격적인 사업을 시작한 정주영은 자동차의 국내 생산을 위해 1967년 말 현대자동차를 설립하였다. 미국 Ford사와 기술 제휴계약을 체결하고, 밤낮없이 공장 건설에 매진하여 1968년 11월 드디어 첫 차인 코티나를 생산하기 시작하였다. 그러나 태풍에 의한 홍수 피해와 자동차의 품질 문제 등으로 어려움을 겪었고, 기술이전에 소극적인 Ford사와의 제휴도 결렬되었다.

정주영의 동생 정세영의 주도로 현대자동차는 당시 모두가 불가능하다는 독자적인 모델의 개발에 착수하였다. 영국의 자동차 회사에서 부사장을 지낸 조지 턴불을 기술책임자로 영입하고, 이탈리아 이탈디자인사의 젊은 디자이너 주지아로에게 신규 모델(포니)의 디자인을 의뢰하였다. 엔진과 변속기 제작을 위해 일본 미쓰비시와 기술협조계약을 체결하였다. 미쯔비시로 파견된 직원들은 연수를 떠나기 전부터 일본어로 된 기술서적을 외우다시피 하였고, 미쯔비시에 도착해서는 밤잠을 설쳐가며 기술을 배우는 열정을 보여주었다

전 국민 공모를 통해 신차 이름을 포니(pony, 조랑말)로 결정하고, 1974년 이탈리아 토리노에서 열린 국제자동차박람회에 포니를 출품하였다. 결과는 대성공, 신선한 디자인으로 크게 주목을 받았고 현지 언론도 한국이 자동차공업국의 대열에 진입했다고 보도하였다. 약 1년간의 까다로운 테스트를 성공적으로 마치고, 1976년 1월에 드디어 포니의 생산을 개시하였다.

포니는 멋진 디자인으로 생산 첫해 국내 시장점유율 1위(43%)

를 달성하였고, 처음으로 에콰도르에 6대를 수출하는 쾌거를 이루었다.[3] 당시 미쓰비시와 기술제휴로 생산하던 엔진은 1991년 국산화를 이루어냈고, 지금은 미쓰비시가 현대가 개발한 엔진을 구입할 정도로 기술력이 크게 발전하였다.

1984년부터 캐나다로의 포니 수출에 성공한 현대자동차는 1986년부터는 자동차의 본고장인 미국으로 '엑셀'의 수출을 개시하여 첫해 18만 6천 대, 1987년 26만 대를 판매하는 놀랄만한 성과를 이룩하였다.

현대자동차는 1998년 법정관리에 있던 기아자동차를 인수하였는데 이는 1997년 외환위기 이후 산업 분야에서의 가장 성공적인 M&A(mergers and acquisitions, 인수 합병)로 거론되고 있다.[4]

현대 · 기아자동차는 2018년 총 740만 대를 판매하여 글로벌 완성차 시장에서 판매 순위 5위를 달리고 있다.[5] 현대자동차는 포니를 생산하기 시작한 1976년 이후 2020년까지 총 1억 919만 대의 자동차를 생산했는데, 이 중 42.3%인 4,616만 대를 국내시장에, 나머지 57.7%인 6,298만 대를 해외시장에 판매하였다.[6]

참고문헌: 『이 땅에 태어나서』(정주영, 1998 솔), 『영원한 도전자 정주영』(허영섭, 2015, 나남), 『미래는 만드는 것이다』(정세영, 2000, 행림출판)

---

3) 김상수 기자, "[책갈피 속의 오늘] 1976년 포니 첫 수출" 동아일보 2007년 7월 26일; 정준호 기자, '현대차, 포니 6대로 시작한 수출… 40년 만에 2,363만 대' 한국일보. 2016년 11월 1일

4) 박용범, 최승진, 강두순 기자, "역대 최고 M&A는 현대차 기아차인수" 매일경제신문 2012년 4월 23일

5) 박종관 기자, "현대 · 기아차, 글로벌 판매 5위 지켜" 한국경제신문 2019년 2월 7일.

6) 2020년 현대자동차 사업보고서 II. 사업의 내용

■ 한국의 경영인과 기업⑤

현대중공업

국내에서 외화를 벌 수 있는 조선소 설립을 평소 구상하였던 정주영은 포항제철의 철을 대량으로 소비해 줄 사업으로 조선소 육성을 계획했던 정부와 박정희 전 대통령의 강한 권고로 1970년 조선소 설립을 추진하였다. 선박 건조의 경험은 없지만, 각종 건설공사의 경험을 토대로 철판을 잘라 용접하고 내연기관은 도면대로 제자리에 설치하면 된다는 긍정적인 마음가짐으로 사업을 시작하였다.

한편, 조선소에 필요한 대형 기계장치의 설치를 위해서는 차관(외국에서 차입)이 필수적인데 경험 부족을 이유로 미국과 일본의 금융기관은 차관을 거절하였다. 유럽으로 간 정주영은 영국의 선박 엔지니어링 회사인 A&P 애플도어사와 기술협조 계약을 체결하고, 교육을 위해 인력을 영국의 조선소에 파견하였다.

그러나 영국 바클레이즈은행은 차관에 별다른 반응을 보이지 않았다. A&P 애플도어사의 롱바톰 회장으로부터 한국의 상환능력과 잠재력이 믿음직스럽지 않다는 말을 듣자 정주영은 당시 500원짜리 지폐를 꺼내 거북선을 소개하고, 한국은 이미 1500년대에 철갑선을 만들었으며 영국의 조선 역사보다도 오히려 300년 앞섰음을 언급해 그를 설득하였고, 바클레이즈은행에 제출할 추천서를 받을 수 있었다.

바클레이즈은행은 차관을 승인하였으나 최종 관문인 영국 수출신용보증국은 조선소를 짓기 전에 배 주문을 먼저 받아 오면 차관을 최종 승인하겠다고 하였다. 정주영은 롱바톰 회장의 도움으로 그리스 선주 리바노스를 만나 앞으로 조선소를 지을 울산의 백사장 사진, 지도, 26만톤급 유조선 도면만으로, 약속을 못 지키면 계약금에 이자를 물어주고 배에 하자가 있으면 인수를 거부해도 좋다고 설득하여 유조선 2대의 주문을 받아내고 마침내 차관 도입에 성공하였다.

이후 공장 부지 매입과 동시에 조선소와 유조선의 건설을 함께 진행하였다. 경험 부족으로 온갖 시행착오 끝에 최단 시일 내에 조선소와 유조선 2척을 건조하였고, 리바노스로부터 자기가 본 선박 중 최고라는 찬사를 받았다. 한편, 1973년 오일쇼크로 인한 유류 물동량의 감소로 현대중공업이 만든 유조선 3척이 인수 거부되자 정주영은 ㈜아세아상선(현재 ㈜HMM, 구 ㈜현대상선)을 설립하고 해운업에도 진출하였다.

참고문헌: 『이 땅에 태어나서』(정주영, 1998 솔), 『영원한 도전자 정주영』(허영섭, 2015, 나남)

〈회계용어 초성퀴즈 (II장)〉

번호	용어 설명	용어 초성
1	발생한 거래를 기록하여 그 결과를 정보가 필요한 사람에게 전달하는 과정	ㅎㄱ
2	발생한 거래를 장부에 기록하는 것	ㅂㄱ
3	고정비를 모두 회수할 수 있는 기점으로 이것을 초과하여 판매하면 이익이 발생	ㅅㅇㅂㄱㅈ
4	비용 중에서 판매량이 증가하면 함께 증가하는 비용	ㅂㄷㅂ
5	회계의 분류 중 기업이 외부로부터 자금을 조달하기 위해 기업활동에서 발생한 거래를 기록하고 재무제표를 작성하는 과정을 말하는 것	ㅈㅁㅎㄱ
6	장기간 사용하는 기계 등의 구입비를 사용기간에 걸쳐 나누어 비용으로 처리하는 것	ㄱㄱㅅㄱ
7	비용 중에서 판매량이 증가해도 변하지 않는 비용	ㄱㅈㅂ
8	경제적 거래를 왼쪽과 오른쪽으로 나누어 각각의 합이 같도록 기록하는 방법	ㅂㅅㅂㄱ
9	회계의 분류 중 제품의 제조원가의 산출, 사업부서별 경영성과의 측정 등을 포함하는 것	ㄱㄹㅎㄱ
10	개성지방의 상인들이 주로 사용한 우리나라 고유의 거래 기록방법	ㅅㄱㅅㄷㅊㅂㅂ
11	회계의 분류 중 일정 기간 기업활동의 결과로 획득한 소득에 대해 납부할 세금을 계산하는 과정을 말하는 것	ㅅㅁㅎㄱ
12	경제적 거래를 한 번만 기록하는 방법으로 가계부를 기록하는 방법	ㄷㅅㅂㄱ
13	회계의 분류 중 컴퓨터의 정보기술을 이용한 회계처리 및 회계정보의 분석 시스템의 구축을 다루는 분야	ㅎㄱㅈㅂㅅㅅㅌ

III. 빙수 가게의 창업

3.1 재무 상태

지난주에 한경영 선생님으로부터 회계에 관한 기본적인 지식을 얻게 된 경영동아리 부원들은 이번 주에는 대학에서 경영학을 전공하고 있는 신영경 동아리 선배를 초청하여 회계에 대해 좀더 깊이 있는 설명을 듣기로 했다.

영경 선배는 회계 관련 전공과목을 수강하면서 회계에 흥미를 갖게 되었고, 앞으로 회계전문가인 공인회계사 시험에 도전해 볼 뜻이 있다고 했다. 영경 선배는 먼저, 회계는 손익계산서를 통해 사업에서 얼마의 수익과 비용이 발생했고, 그 결과 이익이 얼마인지에 관한 정보를 제공하는데 이것과 함께 회계가 제공하는 중요한 정보는 해당 기업 또는 조직의 '재무 상태'에 관한 정보라고 말하며 '재무 상태'가 무엇을 뜻하는지를 동아리 부원들에게 물어보았다.

설아는 정확히는 잘 모르겠지만 재무 상태는 돈을 얼마나 소유하고 있는가를 나타내는 것 같다고 말했다. 이에 영경 선배는 재무 상태에 관한 설명을 다음과 같이 이어갔다.

재무(財務)는 한자로 '재물 재'에, '일 무'로, 돈이나 재산에 관한 일을 뜻한다. 그렇다면 어떤 사람의 재무 상태를 평가한다면 무슨 정보가 필요할까? 우선, 설아가 말한 것처럼 그 사람이 보유하고 있는 현금에다 주식, 부동산 등 금전적 가치가 있는 것, 즉 **재산**의 크기를 알아보는 것이 필요하다.

만약, 한 사람은 총 5억 원의 재산을 갖고 있고, 다른 사람은 총 10억 원의 재산을 갖고 있다면 누구의 재무 상태가 더 좋은가? 10억 원의 재산을 가진 사람의 재무 상태가 더 좋다고 말하기 쉽다.

그러나 개인의 재무 상태를 판단하기 위해서 보유한 재산에 대한 정보만으로는 충분하지 않다. 그렇다면 재산 이외에 어떤 정보가 더 필요한 것일까? 개인의 재무 상태를 검토하는 일을 자주 하는 은행을 통해 무슨 정보가 더 필요한지를 알아보자.

우선, 은행은 어떻게 돈을 벌까? 은행은 예금이라는 금융상품을 통해 고객으로부터 돈을 받고, 그 대가로 일정한 비율의 돈을 지급하는데 이것을 **이자**라고 한다. 은행은 예금상품에 가입한 고객으로부터 받은 돈을 계속 보유하지 않고, 다시 다른 개인 또는 기업에 빌려주고, 그 대가로 이자를 받는다.

여기서 은행이 개인 또는 기업에 돈을 빌려주는 것을 **대출**이라고 한다. 은행이 예금상품의 고객에게 지급하는 이자보다 은행이 대출을 통해 받는 이자가 더 많기 때문에 돈을 번다.

예를 들어, 예금을 통해 고객으로부터 1억 원을 유치하면서 대가로 1년 동안 2%의 이자를 지급하기로 약속하고, 확보한 1억은 다시 다른 사람에게 대출하여 1년간 4%의 이자를 받기로 했다고 가정하자. 그렇다면 은행이 1년간 받는 대출이자는 4,000,000원(= 100,000,000원 × 0.04)으로 은행의 수익이 되고, 은행이 예금고객에게 지급하는 예금이자는 2,000,000원(= 100,000,000원 × 0.02)으로 은행의 비용이 되며, 그 차이 2,000,000원(= 4,000,000원 - 2,000,000원)은 은행의 이익이 된다.

한편, 은행은 아무에게나 1억 원이라는 큰돈을 대출해 주지 않는다. 은행이 개인에게 대출을 결정하기 위해서는 그 사람에 관한 어떤 정보가 필요할까? 우선, 대상자가 돈을 빌려 간 후 갚기로 한 날(**만기일**)에 갚을 능력이 있는지를 살펴본다. 이를 위해서 필요한 정보는 대상자의 1년간 소득이 얼마인지(돈을 얼마나 버는지), 대상자 소유의 재산이 얼마나 있는지 등이다. 대상자의 소득이 적다면 이자를 지급하지 못할 가능성이 상대적으로 크고, 보유한 재산이 적다면 만기일에 빌린 돈을 갚지 못할 가능성이 높아진다.

예를 들어, 은행으로부터 1억 원을 빌리려는 희망자로 안윤택 씨와 진부호 씨가 있다고 가정하자. 안윤택 씨와 진부호 씨는 1년 소득이 서로 비슷하고, 보유한 재산은 같은 아파트 단지에 있는 시가 5억 원의 아파트밖에 없다고 가정하자.

그렇다면 안윤택 씨와 진부호 씨는 은행의 대출심사에서 똑같은 평가를 받는다고 생각하기 쉽다. 그러나 안윤택 씨는 1년 전 아파트를 구입할 때 다른 은행으로부터 2억 원을 빌렸기 때문에 2억 원의 빚이 있지만 진부호 씨는 빚이 전혀 없다.

이러한 상황에서 은행이 한 명에게만 1억 원을 빌려줄 수 있다면 누구에게 빌려줄까? 진부호 씨에게 빌려줄 것이다. 왜냐하면, 진부호 씨는 소유한 시가 5억 원 아파트가 순전히 자신의 몫이지만 안윤택 씨는 동일한 5억 원 아파트를 소유하고 있어도 갚아야 할 2억 원의 빚을 감안하면 순수한 자신의 몫은 5억원에서 빚 2억 원을 뺀 3억 원이기 때문이다.

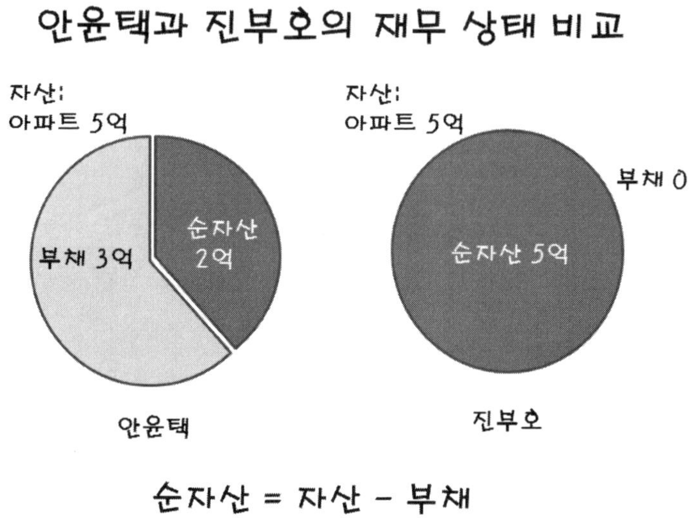

회계에서는 현금, 은행예금, 부동산 등과 같은 재산을 **자산**이라고 하고, 은행 등으로부터 돈을 빌리거나 외상으로 물건을 사서 향후 갚을 의무를 **부채**라고 하며, 자산에서 부채를 차감하고 남은 것을 **순자산**이라고 한다. 그리고 **재무 상태**는 자산과 부채의 보유 현황을 말하는 것이다.

따라서 앞서 질문한 어떤 개인의 재무 상태를 평가하기 위해 그 사람이 보유한 자산 이외에 더 파악해야 하는 정보는 바로 부채이다. 같은 아파트 단지의 유사한 면적의 아파트를 보유하더라도 부채가 적은 사람이 재무 상태가 더 좋다. 재무 상태가 좋다는 것은 보유한 자산이 많고, 부채는 상대적으로 적은 경우를 말한다.

3.2 부 채

영경 선배의 설명을 듣고, 동아리 부원 민수는 부채가 많으면 어떤 문제가 생기는지에 대해 질문하였다. 영경 선배는 다음과 같이 답해 주었다.

일단, 은행으로부터 돈을 빌렸다면 빌린 돈에 대한 이자를 매월 지급해야 한다. 안정적인 직장을 갖고 있다면 월급의 일부를 이자로 지급하면 되겠지만, 사업을 하는 사람은 사업에서 손실이 나서 이자를 지급하지 못하는 경우가 발생할 수 있다. 그리고 부채가 많을수록 이자도 많아지므로 부채가 많은 사람은 그만큼 이자 부담이 커진다.

또한 만기일에 빌린 돈을 갚아야 하는데, 부채가 많다면 갚아야 할 금액도 많다. 그동안 돈을 모아놓지 못했다면 자신의 재산을 팔아서 갚거나, 다른 빚을 내서 갚거나, 아예 갚을 수 없는 상황이라면 신용불량자가 될 수도 있다.

기업의 경우 사업이 잘될 것으로 예상하여 사업자금으로 돈을 빌렸지만, 예상과 달리 사업이 부진하거나 코로나19의 확산과 같이 예상하지 못한 상황의 발생으로 사업에서 손실이 나면 이자를 지불할 수 없거나 만기일에 빌린 돈을 갚지 못할 수 있다. 기업이 최종적으로 자금 조달에 실패하여 부채를 갚지 못하면 결국 망할 수밖에 없다.

요약하면, 부채가 많을수록 향후 사업 부진이나 예상하지 못한 위기 상황이 발생할 때 어려움에 부닥칠 가능성이 커진다. 따라서 은행은 기업에 대출을 결정하기 전에 기업이 만기에 대출금을 갚을 수 있는지를 판단하기 위해, 주식투자자는 주식투자에 앞서 기업이 향후 존속 가능한지를 가늠하기 위해 해당 기업의 재무 상태를 검토한다.

선배의 대답을 듣고, 이번에는 연우가 그렇다면 부채는 좋지 않은 것이니 가급적 돈은 빌리지 않는 것이 좋다고 보면 되느냐고 되물었다. 영경 선배는 좋은 질문이라고 연우를 칭찬하며 다음과 같이 설명을 이어갔다.

부채가 많으면 재무 상태는 나빠지고, 이자나 돈을 지급하지 못하는 문제가 발생할 수 있지만, 그렇다고 해서 부채가 반드시 나쁜 것은 아니다. 사업 아이디어가 있고, 이를 실행할 자금으로 1억 원이 필요하다면 1억 원을 모을 때까지 기다린 후 사업을 하는 방법과 보유하고 있는 금액에다 부족한 금액은 빌려서 사업을 하는 방법이 있다. 남보다 먼저, 지금 바로 실행하는 것이 중요하다면 돈을 빌려 사업을 시작하는 편이 더 좋을 수 있다.

기업이 공장을 추가로 지을 때도 마찬가지이다. 공장 증설에 필요한 자금을 모을 때까지 기다릴 수도 있지만, 지금 짓지 않으면 사업 기회를 놓칠 수 있으므로 은행에서 빌린 돈으로 공장을 짓는 것이 더 나을 수 있다.

따라서 부채는 양날의 검(양쪽에 날이 있는 칼)과 같은 것이다. 잘 쓰면 이자를 지불하고도 이익을 남길 수도 있고, 잘못 쓰면 있는 재산을 잃거나 기업을 망하게 할 수도 있다.

경영동아리 부원들은 영경 선배의 답변을 듣고, 이제 왜

기업들이 은행에서 돈을 빌리는지를 알겠다며 만족해 했다. 오랜만에 후배들을 만난 영경 선배는 동아리 부원들을 데리고 학교 앞 떡볶이집으로 갔고, 부원들은 선배가 사주는 떡볶이를 맛있게 먹으며 대학 생활이 얼마나 재미있는지에 대해 선배에게 물어보며 즐거운 시간을 보냈다.

3.3 창 업

설아에게 손익계산서를 가르쳐 주었던 설국은, 설아의 팥빙수 가게 이야기를 듣고, 문득 얼마 전 취업 준비 중인 친구들과 프랜차이즈 빙수 가게에서 빙수를 먹었던 기억이 났다. 빙수가 맛은 있었지만, 가격이 너무 비싸 학생들이 사 먹기는 부담스럽다는 생각이 떠올랐다. 그리고 합리적인 가격으로, 맛있는 빙수를 파는 가게를 여는 것에 관해 설아와 의논해 보았다.

이미 몇 개의 프랜차이즈 빙수 가게가 개설되어 있기에 무모한 도전일 수도 있지만, 내가 느낀 빙수의 비싼 가격에 대한 불편함을 다른 사람도 느꼈을 것이고, 이를 해소할 수 있다면 충분히 수요가 있을 것으로 생각되었다.

우선, 설국은 빙수 프랜차이즈 가게에서 아르바이트를 해서 빙수 제조와 빙수 가게의 운영 방법을 익히고, 틈나는 대로 맛있고 개성 있는 빙수 레시피를 개발해 보기로 했다. 설국은 6개월간의 아르바이트와 연구 끝에 딸기빙수, 통단팥빙수,

민트초코빙수, 에스프레소빙수, 녹차빙수를 개발하였고, 친구와 설아로부터 피드백을 받아 레시피를 개선하였다.

설국은 빙수 가게를 열기로 마음먹고, 장소를 물색하던 중 최근 전통시장 내에 마련된 청년몰의 월세가 저렴하다는 말을 듣게 되었다. 청년몰을 몇 차례 방문하여 현재 어떤 가게가 있는지, 그리고 찾아오는 손님은 어느 정도인지를 파악하였다.

먼저, 설국은 빙수 가게를 여는데 필요한 물품의 가격, 예상 지출액을 조사하여 다음과 같이 정리해 보았다.

〈표 3.1〉 빙수 가게 개업에 필요한 예상 지출액

항 목	금 액
청년몰 가게 임차료(월세)	200,000원
빙수기, 냉장고 등 전기제품	3,000,000원
테이블, 의자 등 가구	600,000원
간판 및 인테리어 작업	4,200,000원
초기 빙수 재료비	1,000,000원
예비 자금	1,000,000원
합 계	10,000,000원

창업에 필요한 자금이 총 1,000만 원인데 설국은 본인이 그동안 저축한 돈 500만 원과 설아가 저축한 돈 100만 원에 나머지 400만 원은 부모님을 설득하여 빌리기로 했다. 설국은 팥빙수 판매를 해 본 설아에게 먼저 말하여 승낙을 받았고, 설아와 함께 부모님을 설득하여 사업자금에 대한 승낙을 받은 후 청년몰의 점포를 2년간 임차하는 계약을 체결하였다.

한편, 설국은 세무사로 일하고 있는 대학 동아리의 선배를 찾아가 빙수 가게를 여는 데 필요한 것들에 관해 물어보았다. 일단, 식음료 가게를 개업하려면, 보건소에 가서 보건증을 받고, 위생교육을 온라인으로 받은 후 관할 구청에서 영업신고증을 받아야 한다. 그다음 필요한 서류를 갖추어 가까운 세무서에 가서 사업자등록을 신청하여 사업자등록증을 받으면 영업을 개시할 수 있다.

세무사 선배는 개인사업자가 신고 및 납부해야 할 세금이 있는데 보통 회계사 또는 세무사 사무실에 요청하면 신고를 대행해 준다고 했다. 설국은 선배에게 세금 신고를 맡기기로 하고 매월 수수료 10만 원을 지급하기로 했다.

가게의 이름은 설아와 의논하여 '설국빙수'로 지었다. 설국은 자신의 이름이기도 하고, 한자로 눈의 나라(雪國)이므로 빙수 가게와 잘 어울리며 노벨문학상을 수상한 일본의 소설가 가와바타 야스나리가 쓴 소설의 제목과도 같아서 사람들의 이목을 끌기에 좋다고 생각했다.

설국은 세무사 선배가 말해 준 서류를 갖추어 세무서에서 사업자등록증을 받았다. 설국빙수와 같은 작은 가게는 비록 규모는 작지만, 엄연히 개인이 설립한 기업이다. 설국빙수처럼 개인이 세무서에 사업자등록증을 발급받아 운영하는 기업을 **개인기업**이라고 한다.

우선, 5월 1일 설국은 개인기업의 주인(소유주)으로서 근처 은행에 사업자통장을 개설하고, 자신의 돈 500만 원을 사업자통장으로 이체하고, 설아도 자신의 돈 100만 원을 같은 계좌로 이체하였다. 사업자통장에 입금된 600만 원은 설국빙수의 자산이며 앞으로 빙수 가게를 운영할 자금으로 사용된다. 기업의 주인(소유주)이 본인의 돈을 회사의 사업을 위해 내는 것을 **출자**(出資)라고 한다. 설국과 설아는 총 600만 원을 설국빙수에 출자한 것이다.

3.4 기업의 재무 상태

출자를 마친 설국은 대학 전공수업 '회계원리'의 교재를 찾아가며 자신이 설립한 설국빙수의 재무 상태를 어떻게 평가할 수 있는지, 그리고 출자 등의 거래로 어떻게 달라지는가를 알아보았다. 다음은 설국이 정리한 설국빙수의 재무 상태에 관한 내용이다.

5월 1일 나(설국)와 설아가 사업자통장에 총 600만 원을 입금한 후 개인기업 설국빙수의 재무 상태를 어떻게 나타낼 수 있을까? 설국빙수는 자산으로 은행예금(사업자통장) 600만 원을 보유하고, 빌린 돈은 아직 없으므로 부채는 없다. 순자산은 자산에서 부채를 빼고 남은 것이므로 설국빙수의 순자산은 600만 원(= 600만 원 - 0원)이 된다. 따라서 설국빙수의 자산은 600만 원, 부채는 0, 순자산은 600만 원이다.

여기서 순자산의 정의에 따라 다음의 식이 성립한다.

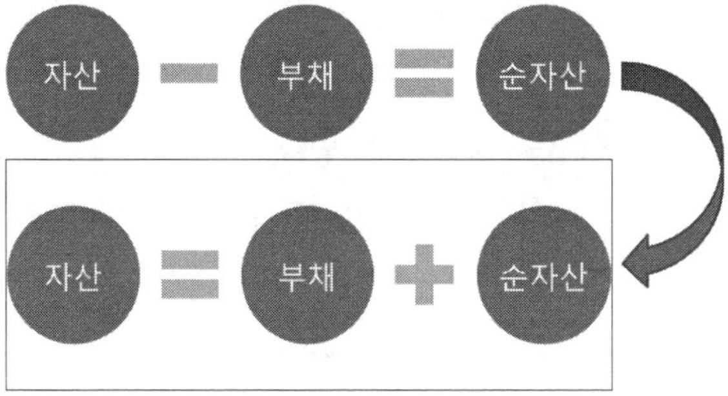

회계등식

위의 첫 번째 식에서 부채만 등호의 오른쪽으로 옮기면 두 번째 식인 '자산 = 부채 + 순자산'이 성립한다. 이 식을 **회계등식**이라고 하는데, 회계등식은 기업이 설립된 후부터 존속하는 동안 항상 성립한다.

회계에서 순자산은 자산에서 부채를 차감하고 남은 것으로 기업의 자산 중 기업의 소유주에게 돌아갈 몫을 의미한다. 5월 1일 현재 설국빙수의 재무 상태를 회계등식으로 나타내면 다음과 같다.

<5월 1일 설국빙수의 재무 상태>

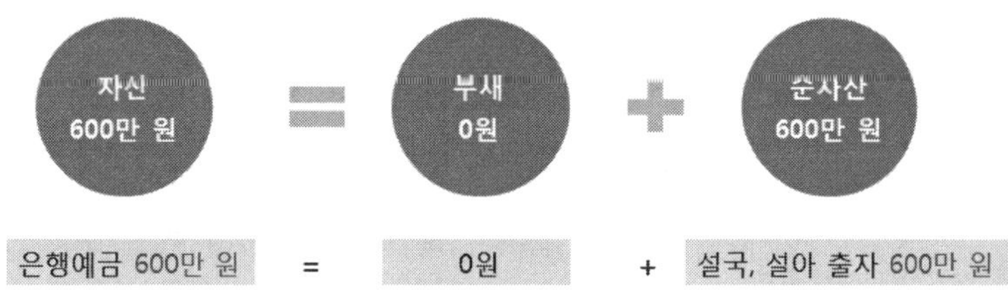

위의 회계등식은 5월 1일 현재 설국빙수가 보유한 자산은 은행예금 600만 원이고, 부채는 없으며 설국빙수의 순자산, 즉 소유주인 설국과 설아에게 돌아갈 몫은 600만 원임을 나타낸다.

또는 설국빙수의 자산은 은행예금 600만 원인데 이것은 모두 설국빙수의 소유주인 설국과 설아가 출자한 것이고, 빌린 돈은 없다고도 해석할 수 있다.

5월 2일, 부모님이 빌려주기로 한 400만 원을 사업자통장에 입금하셨다. 설국빙수의 자산은 부모님의 입금으로 은행예금이 400만 원만큼 증가했으므로 자산이 총 1,000만 원(= 600만 원 + 400만 원)이고, 설국빙수의 부채는 부모님께 빌린 돈 400만 원이 새로 생겼으며 순자산은 자산 1,000만 원에서 부채 400만 원을 뺀 600만 원이다. 회계에서는 갚기로 하고 빌린 돈을 **차입금**이라고 한다.

5월 2일 부모님으로부터 빌린 차입금을 포함한 설국빙수의 재무 상태는 다음과 같다.

<5월 2일 설국빙수의 재무 상태>

위의 회계등식은 설국빙수가 현재 보유한 자산은 1,000만 원인데 앞으로 갚아야 할 빚이 400만 원이므로 최종적으로 설국빙수의 주인인 설국과 설아에게 돌아갈 몫은 600만 원임을 의미한다. 또는 이를 다르게 표현하면, 설국빙수가 보유한 재산 1,000만 원 중 400만 원은 부모님께 빌려서 조달된 것이고, 나머지 600만 원은 설국빙수의 주인인 설국과 설아의 출자로 조달된 것이다.

3.5 자산의 취득과 재무 상태

5월 3일 설국은 사업자통장에서 현금 780만 원을 인출하여 빙수기와 냉장고 등 빙수 가게에 필요한 전기제품의 구입에 300만 원을 지급하고, 테이블과 의자 등 가구의 구입에 60만 원을 지급하였다. 또한 빙수 가게의 간판 및 인테리어 작업이 완성되어 작업을 의뢰한 업체에 현금 420만 원을 지급하였다. 5월 3일 설국빙수가 총 780만 원(= 300만 원 + 60만 원 + 420만 원)을 지급한 후 설국빙수의 재무 상태는 어떻게 변했을까? 설국이 5월 3일 거래가 설국빙수의 재무 상태에 미친 영향을 분석하며 정리한 내용은 다음과 같다.

사업자통장에 있던 돈 780만 원이 줄었지만, 그 대가로 빙수기, 냉장고 등의 전기제품과 테이블, 의자 등의 가구를 취득했고, 가게의 간판과 인테리어 장식을 갖추었다. 전기제품, 가구, 인테리어 장식은 앞으로 빙수 사업을 하여 돈을 버는 데 바탕이 되는 금전적 가치가 있는 자원이다. 회계에서는 현금을 포함하여 기업이 보유하고 있는 경제적 자원을 **자산**으로 정의한다.

따라서 설국빙수의 자산에서 은행예금 잔액은 1,000만 원에서 780만 원이 줄어 220만 원이 되었으나 전기제품, 가구, 인테리어와 같이 다른 형태의 자산은 780만 원 증가했으므로 자산의 총계는 변동 없이 여전히 1,000만 원이다. 한편, 부채는 변한 것이 없고, 따라서 순자산도 그대로 600만 원(= 1,000만 원 -

400만 원)이다. 780만 원의 지출 후 설국빙수의 재무 상태를 나타내면 다음과 같다.

<5월 3일 설국빙수의 재무 상태>

자산 1,000만 원	=	부채 400만 원	+	순자산 600만 원
은행예금 220만 원 빙수기 등 300만 원 가구 60만 원 인테리어 420만 원	=	차입금 400만 원	+	설국, 설아 출자 600만 원

결국 설국빙수가 전기제품과 가구를 취득하고, 인테리어를 완성한 대가로 현금 780만 원을 지급한 후 변한 것은 자산의 구성요소 뿐이고, 자산총계, 부채총계, 순자산총계는 780만 원의 지출 이전과 비교할 때 변한 것 없이 그대로이다.

3.6 수익 및 비용과 재무 상태

설국은 우선 딸기빙수, 통단팥빙수, 녹차빙수의 세 가지 메뉴만으로 장사를 시작하고, 추후 메뉴를 늘리기로 했다. 빙수 재료는 전통시장 내 도매업체와 구입계약을 체결하여 매일 아침 일괄적으로 공급받고, 매월 10일, 20일, 마지막 날에 그때까지의 누적 매입금액을 지급하기로 약속했다.

빙수의 개당 가격은 프랜차이즈 빙수 가게의 유사한 메뉴가격보다는 저렴하되 빙수에 들어가는 재료비를 고려하여 6,000원으로 하고, 평일 80개, 주말 120개의 판매를 목표로 하였다. 설국은 혼자만으로 가게를 운영하기는 힘들다고 판단하여 아르바이트생을 모집하였고, 경영학을 전공하는 민준과 은서를 아르바이트생으로 채용하고, 각각 하루에 네 시간씩 일하기로 했다.

개점일은 5월 5일 어린이날로 정했다. 개업 준비를 위해 설국은 개업 전날 밤늦게까지 마무리 작업을 마쳤고, 드디어 5월 5일의 날이 밝았다. 근처의 아파트에 전단지를 돌려 어린이들을 위한 선물을 준다는 광고를 한 덕택인지 어린이를 동반한 꽤 많은 고객이 가게를 찾아 주었다.

처음이라 주문을 받은 후 빙수가 다소 늦게 나오는 문제가 있었으나 팥빙수 가게를 경험한 설아의 도움으로 싱황리에 사업 첫날을 마무리할 수 있었다. 첫날 판매된 빙수의 개수를 확인해 보니 총 120개로 첫날의 매출수익은 72만 원(= 120개 × 6,000원)이었다.

설국은 만약 빙수의 판매가 모두 현금으로 이루어졌다고 가정하면, 매출수익 72만 원이 설국빙수의 재무 상태에는 어떤 영향을 미칠까를 생각해 보았다.

먼저, 빙수의 판매로 현금이 들어온다. 첫날 장사로 증가한 현금은 72만 원이므로 설국빙수의 자산, 구체적으로 현금이 72만 원 증가한다. 부채는 변동이 없고, 순자산은 자산에서 부채를 빼고 남은 것이므로 순자산도 72만 원 증가한다. 5월 5일 첫날 장사를 마친 후 설국빙수의 재무 상태를 나타내면 다음과 같다.

<5월 5일 영업 후 설국빙수의 재무 상태>

자산 1,072만 원	=	부채 400만 원	+	순자산 672만 원
은행예금 220만 원 현금 72만 원 빙수기 등 300만 원 가구 60만 원 인테리어 420만 원	=	차입금 400만 원	+	설국, 설아 출자 600만 원 매출수익 72만 원

첫날의 영업으로 설국빙수의 자산은 현금이 72만 원만큼 증가했고, 부채는 변동이 없으며 자산에서 부채를 차감한 설국빙수의 순자산도 매출수익 72만 원만큼 증가한다. 판매에 의한 매출수익의 발생은 설국빙수의 자산(현금)을 증가시키고, 설국빙수의 순자산, 즉 소유주의 몫도 증가시킨다.

첫날 영업이 끝난 후, 설국은 개업 전단지와 개업 선물을 제작해 준 광고업체에 현금 50만 원을 지급하였다. 이번에는 현금 50만 원의 지급이 설국빙수의 재무 상태에 어떤 변화를 가져오는지를 살펴보았다.

광고지 제작에 따른 현금 지급은 비용, 구체적으로 광고비에 해당한다. 현금이 지급되었으므로 자산(현금)은 감소하고, 부채는 변동이 없으므로 자산에서 부채를 뺀 순자산도 감소한다. 광고비의 지급 후 설국빙수의 재무 상태는 다음과 같다.

<5월 5일 광고비 지급 후 설국빙수의 재무 상태>

자산 1,022만 원	=	부채 400만 원	+	순자산 622만 원
은행예금 220만 원	=	차입금 400만 원	+	설국, 설아 출자 600만 원
현금 22만 원				매출수익 72만 원
빙수기 등 300만 원				광고비 (50만 원)
가구 60만 원				
인테리어 420만 원				

광고비 50만 원의 지급으로 현금은 72만 원에서 50만 원만큼 줄어 현금의 남은 액수(**잔액**)는 22만 원(= 720,000원 - 500,000원)이 되고, 부채는 변동이 없으므로 자산에서 부채를 차감한 순자산도 광고비 50만 원만큼 감소한다.

회계에서는 감소하는 금액에 '-' 부호를 붙이지 않고, 괄호를 사용하여 표기한다. 현금으로 지급한 비용의 발생은 설국빙수의 자산(현금)을 감소시키고, 설국빙수의 순자산, 즉 소유주의 몫도 감소시킨다.

요약하면, 빙수의 판매로 발생한 매출수익(72만 원)은 설국빙수의 자산과 순자산을 증가시키고, 현금 지급으로 발생한 비용(50만 원)은 설국빙수의 자산과 순자산을 감소시킨다. 설국빙수는 첫날의 영업 결과, 순자산이 22만 원(= 72만 원 - 50만 원) 증가하였다.

3.7 창업 첫 달의 결산

첫날 이후에는 고객 수가 다소 감소했으나 포털사이트를 통한 광고와 프랜차이즈 빙수보다 싸고 맛있다는 고객들의 SNS 후기 등으로 시간이 갈수록 고객이 늘었고, 1일 예상 판매량을 초과하는 날도 있었다. 5월 31일, 한 달간의 영업을 마친 후 설국은 5월의 수익과 비용을 산출해 보았다.

먼저, 5월의 수익은 한 달간 판매한 빙수가 총 2,100개로 수익은 1,260만 원(= 2,100개 × 6,000원)이다. 그리고 5월에 현금으로 지급한 비용의 내역을 다음과 같이 정리하였다.

〈표 3.2〉 20×2년 5월 설국빙수의 현금 지급 비용 내역

항 목	금 액
청년몰 가게 임차료(월세)	200,000원
빙수 재료비(10일, 20일, 31일 지급)	4,410,000원
전기료, 수도료, 가스료 등 공과금	600,000원
광고비(전단지, 개업 선물, 포털사이트)	1,500,000원
아르바이트생 인건비	2,160,000원
세무사 지급수수료	100,000원
합 계	8,970,000원

비용에는 청년몰 가게 임차료, 빙수 재료비, 전기, 수도, 가스의 사용료를 포함한 공과금, 전단지와 개업 선물의 제작

과 포털사이트에 지급한 광고비, 아르바이트생의 인건비, 세무사 지급수수료가 포함되었다.

설아는 총수익 1,260만 원에 총비용 897만 원을 뺀 363만 원의 순이익이 났다고 기뻐하며 오빠 설국에게 말했다. 그러나 설국은 비용 내역을 살펴보고, 빠진 것이 있다며 잘 생각해 보라고 답해 주었다. 설아가 포함하지 않은 비용은 무엇일까?

빙수 제조를 위해 구입한 빙수기, 냉장고 등의 전기제품, 테이블, 의자 등의 가구, 그리고 가게 인테리어에 관한 비용, 즉 감가상각비를 포함하지 않았다. 먼저, 빙수기 등 전기제품은 5년간 사용하고 사용 후에는 폐기한다고 가정하면, 월수로 총 60개월(= 5년 × 12개월)을 사용한다. 따라서 전기제품을 구입하는데 지불한 300만 원을 60개월로 나누어 비용으로 잡는다면 매월 5만 원(= 3,000,000원 ÷ 60개월)이 된다. 따라서 빙수기 등의 전기제품에 대한 감가상각비 5만 원이 포함되어야 한다.

마찬가지로 테이블 등의 가구와 인테리어 장식도 5년간 사용하고 폐기한다고 가정하면, 가구는 취득금액 60만 원을 60개월로 나누면 1만원(= 600,000원 ÷ 60개월)이고, 인테리어에 대한 지급액 420만 원을 60개월로 나누면 7만 원(= 4,200,000원 ÷ 60개월)이다. 따라서 가구와 인테리어에 대한 감가상각비 각각 1만 원과 7만 원도 포함되어야 한다. 감가상각비를 포함한 5월 설국빙수의 비용을 다시 정리하면 다음과 같다.

〈표 3.3〉 20×2년 5월 설국빙수의 비용 내역

항 목	금 액
청년몰 가게 임차료(월세)	200,000원
빙수 재료비(10일, 20일, 31일 지급)	4,410,000원
전기료, 수도료, 가스료 등 공과금	600,000원
광고비(전단지, 개업 선물, 포털사이트)	1,500,000원
아르바이트생 인건비	2,160,000원
세무사 지급수수료	100,000원
전기제품 감가상각비	50,000원
가구 감가상각비	10,000원
인테리어 감가상각비	70,000원
합 계	9,100,000원

설국빙수의 5월 순이익은 총수익 1,260만 원에서 총비용 910만 원을 뺀 350만 원이다. 설국은 수익과 비용의 자료를 바탕으로 5월의 손익계산서를 다음과 같이 작성하였다.

〈표 3.4〉 20×2년 5월 설국빙수의 손익계산서

손익계산서 20x2.5.1. ~ 20x2.5.31			
설국빙수			(단위: 원)
매출수익(매출액)			12,600,000
비용			9,100,000
	가게 임차료(월세)	200,000	
	재료비	4,410,000	
	전기료, 수도료, 가스료 등 공과금	600,000	
	광고비	1,500,000	
	아르바이트생 인건비	2,160,000	
	지급수수료	100,000	
	감가상각비	130,000	
당기순이익			3,500,000

위 손익계산서의 둘째 줄은 기간을 표시하는데 5월 한 달의 수익과 비용을 나타낸 것이므로 기간의 시작 날짜 5월 1일과 마지막 날짜 5월 31일을 표기한다. 위 손익계산서의 넷째 줄부터 수익과 비용을 표기하는데 손익계산서 상에 매출수익을 주로 **매출액**으로 표기한다. 그다음 줄에 비용의 총액을 910만 원을 표기하고, 그 밑에는 비용의 구체적인 내역을 보여준다.

마지막 줄에 해당 기간의 수익에서 비용을 차감한 순이익을 **당기순이익**이라고 표기한다. 여기서 **당기**는 이번 기간을 의미한다. 회계에서는 직전 기간을 **전기**, 이번 기간을 **당기**, 다음 기간을 **차기**라고 부른다. 따라서 위의 당기순이익은 5월 한 달간의 순이익을 의미한다.

설국과 설아는 창업 첫 달에 이익이 난 것에 만족하였고, 날씨가 더워지고 입소문이 나면 고객은 더 늘어날 수 있을 것으로 전망하였다.

3.8 월말의 재무 상태

빙수 판매를 본격적으로 시작하기 전인 5월 3일, 빙수기, 가구 등을 취득하고 인테리어가 완성되어 대금을 지불한 후 설국빙수의 재무 상태는 다음과 같다.

<5월 3일 설국빙수의 재무 상태>

자산 1,000만 원	=	부채 400만 원	+	순자산 600만 원
은행예금 220만 원 빙수기 등 300만 원 가구 60만 원 인테리어 420만 원	=	차입금 400만 원	+	설국, 설아 출자 600만 원

위의 재무 상태에서 출발한 설국빙수는 한 달간의 장사를 마친 5월 말에는 재무 상태가 어떻게 변했을까?

먼저, 빙수 판매는 모두 현금으로 이루어졌다고 가정하면, 5월의 매출수익 1,260만 원만큼 설국빙수의 현금, 즉 자산이 증가한다. 비용은 손익계산서에 나와 있듯이 빙수의 재료비로 10일, 20일과 31일에 전통시장 내의 도매업체에게 현금 총 441만 원을 지급하였고, 임차료(월세) 20만 원, 공과금 60만 원, 광고비 150만 원, 아르바이트생 인건비 216만 원, 세무사 수수료 10만 원도 모두 현금으로 지급했다고 가정하면, 현금은 총 897만 원(= 441만 원 + 20만 원 + 60만 원 + 150만 원 + 216만 원 + 10만 원)이 감소한다.

한편, 비용 중에서 감가상각비는 이미 취득한 전기제품, 가구 등을 사용기간 동안 나누어서 비용으로 처리하는 것이므로 감가상각비만큼 현금이 지출된 것은 아니다. 따라서 감가상각비는 보유한 현금을 감소시키지 않는다. 그러므로 5월 말 현금의 잔액은 매출액 1,260만 원에서 현금이 지출된 비용 897만 원을 뺀 363만 원이 된다.

그렇다면 감가상각의 대상이 되는 전기제품, 가구, 인테리어의 5월 말 잔액은 어떻게 될까?

감가상각은 감가상각의 대상이 되는 자산의 취득금액을 사용기간으로 나누어 비용 처리하는 것이므로 감가상각 대상 자산의 잔액도 감가상각 금액만큼 감소한다. 따라서 5월 말 빙수기 등 전기제품의 잔액은 원래 300만 원에서 감가상각비 5만 원만큼 감소한 295만 원, 가구의 잔액은 원래 60만 원에서 감가상각비 1만 원만큼 감소한 59만 원, 인테리어의 잔액은 원래 420만 원에서 7만원이 감소한 413만 원이 된다.

5월 말 설국빙수가 보유한 자산을 금액으로 나타내면 다음과 같다.

자산 (= 13,500,000원)

현금	3,630,000원	(= 12,600,000원 - 8,970,000원)
은행예금	2,200,000원	
빙수기 등	2,950,000원	(= 3,000,000원 - 50,000원)
가구	590,000원	(= 600,000원 - 10,000원)
인테리어	4,130,000원	(= 4,200,000원 - 70,000원)

5월 31일 설국빙수의 자산총계는 위와 같이 1,350만 원이고, 부채는 차입금을 아직 갚지 않았으므로 5월 31일의 잔액은 이전 금액 그대로 400만 원이다. 끝으로 5월 31일 설국빙수의 순자산은 자산총계 1,350만 원에서 부채총계 400만 원을 뺀 950만 원이다.

5월 말 설국빙수의 재무 상태를 나타내면 다음과 같다.

<5월 31일 설국빙수의 재무 상태>

자산 1,350만 원		=	부채 400만 원	+	순자산 950만 원	
현금	363만 원	=	차입금 400만 원	+	설국, 설아 출자	600만 원
은행예금	220만 원				매출수익	1,260만 원
빙수기 등	295만 원				총비용	(910만 원)
가구	59만 원					
인테리어	413만 원					

설국빙수의 5월 말 순자산총계는 950만 원인데 설국과 설아가 처음에 출자한 600만 원에서 매출수익 1,260만 원만큼 증가하고, 비용 910만 원만큼 감소하여 결과적으로 수익에서 비용을 뺀 순이익 350만 원만큼 증가한 것이다. 결국 설국빙수의 5월 말 순자산은 5월의 당기순이익만큼 증가하였다.

설국은 기간 말의 순자산이 당기순이익만큼 증가하는 이유를 곰곰이 생각해 보았다. 수익이 발생하여 현금이 들어오면, 자산이 증가하고, 부채는 변동 없으므로 순자산(= 자산 - 부채)도 증가한다. 현금을 지출하는 비용이 발생하면 자산(현금)이 감소하고, 현금 지출이 없는 감가상각비는 현금이 아닌 감가상각 대상 자산이 감소하는데 부채는 변동이 없으므로 순자산도 감소한다. 따라서 월말의 순자산은 그달의 수익만큼 증가하고 비용만큼 감소하므로 결국, 수익에서 비용을 차감한 당기순이익만큼 증가하는 것이다.

3.9 재무상태표

설국은 집에 있던 회계 교과서에서 재무상태표를 찾아 설국빙수의 5월 말 재무상태표를 작성해 보았다. **재무상태표**는 특정일 현재, 기업이 보유한 자산, 부채, 순자산의 잔액을 표기하여 재무 상태를 나타낸 표이다.

5월 말 설국빙수의 재무상태표를 작성하면 다음과 같다.

〈표 3.5〉 20×2년 5월 31일 설국빙수의 재무상태표

재무상태표 20x2.5.31.			
설국빙수			(단위: 원)
자산		부채	
현금	3,630,000	차입금	4,000,000
은행예금	2,200,000	부채총계	4,000,000
빙수기 등 전기제품	2,950,000	순자산(=자본)	
테이블 등 가구	590,000	자본금	6,000,000
인테리어	4,130,000	당기순이익	3,500,000
		순자산총계	9,500,000
자산총계	13,500,000	부채와 순자산총계	13,500,000

재무상태표를 작성한 설국은 설아에게 손익계산서와 비교해 가며 재무상태표의 특징을 다음과 같이 설명해 주었다.

재무상태표는 손익계산서와 비슷하게 첫째 줄에 '재무상태표'라는 명칭을 표기한다. 하지만 손익계산서와는 달리 둘째 줄에는

기간이 아닌 작성일자(5월 31일)를 표시한다. 왜냐하면 손익계산서는 특정 기간의 수익, 비용, 이익을 나타내지만, 재무상태표는 특정일 현재, 기업의 자산, 부채, 순자산의 잔액을 나타내기 때문이다.

위의 재무상태표에서 넷째 줄부터 왼쪽에는 자산의 내역을, 오른쪽에는 부채와 순자산의 내역을 보여준다. 재무상태표의 마지막 줄을 보면 회계등식, 즉 '자산 = 부채 + 순자산'이 성립함을 알 수 있다.

한편, 회계에서는 순자산 대신 자본이라는 용어도 사용한다. **자본**은 회계에서 순자산과 같은 말로서 자산에서 부채를 차감하고 남은 것을 의미하며, 우리가 일상생활에서 쓰는 자본과는 다른 뜻임에 주의해야 한다.

위의 재무상태표 오른쪽 순자산을 보면, 자본금 600만 원이 나온다. 회계에서 **자본금**은 기업의 소유주(주인)가 회사에 출자한 금액을 의미한다. 설국빙수를 창업한 설국과 설아가 출자한 600만 원을 재무상태표의 순자산에 자본금으로 표기한다.

위의 재무상태표에 따르면 5월 31일 현재 설국빙수가 보유한 자산이 현금 등 총 1,350만 원이고, 갚아야 할 부채는 400만 원이며 그 차이인 950만 원이 설국빙수의 순자산, 즉 자본이다. 설국빙수의 순자산총계(자본총계) 950만 원은 설국빙수의 주인에게 돌아갈 몫이 950만 원임을 의미한다.

그렇다면 재무상태표의 순자산은 언제 증가하는지를 생각해보자. 첫째, 기업의 소유주가 사업자금을 출자하면 증가하고, 둘째, 기업이 사업을 통해 수익이 비용을 초과하여 이익을 내면 증가한다.

그러면 기업이 이익을 내지 못하고 비용이 수익을 초과하여 손실이 나면 어떻게 될까? 이익이 나면 순자산은 증가하지만, 손실이 나면 순자산은 오히려 감소한다.

예를 들어, 만약 설국빙수의 5월 총비용이 매출수익보다 100만 원 더 많이 발생해서 100만 원의 손실이 났다고 가정해 보자. 그렇다면 5월 말 설국빙수의 순자산은 얼마가 될까? 장사를 시작하기 직전 5월 3일, 설국빙수의 순자산은 600만 원이다. 그런데 5월 한 달간 당기순손실 100만 원으로 인해 순자산은 100만 원 감소하므로 5월 말 순자산총계는 500만 원(5,000,000원 = 6,000,000원 - 1,000,000원)이 된다. 처음에 설국과 설아가 사업을 위해 출자한 600만 원이 100만 원 손실의 발생으로 100만 원만큼 줄어든 것이다.

기업이 계속 손실을 내거나 큰 손실이 나서 사업을 위해 출자한 자금을 다 쓰게 되면 어떻게 될까? 재료를 살 돈이 없거나 월세를 줄 수 없거나 부채를 갚을 돈이 없으므로 기업의 소유주가 출자를 더 하든지 다른 사람으로부터 사업자금을 추가로 빌려야 한다.

만약, 어떤 방법으로도 자금을 더 조달할 수 없는 상황이 되면 기업은 망할 수밖에 없다. 따라서 기업은 지속적인 생존을 위해서는 이익을 내야 한다. 그리고 손실이 나면 그 원인을 파악해서 향후 이익이 날 수 있는 조치가 기업의 생존을 위해서는 반드시 필요하다.

3.10 이익의 배분

설국빙수는 5월 한 달간의 영업으로 당기순이익 350만 원이 발생하였지만, 설국빙수의 소유주인 설국과 설아는 아직 이익을 현금으로 배분받은 것이 없다. 설국은 얼마의 현금을 가져갈 수 있는지를 선배 세무사에게 물어보고 다음과 같은 답변을 받았다.

> 개인기업은 법적으로 개인기업의 소유주와 동일시되므로 개인기업의 주인이 직접 일을 했다고 하더라도 월급을 지급하고 이를 인건비로 처리할 수 없다. 대신 소유주는 필요한 금액을 개인기업에서 가져갈 수 있다. 이를 개인기업 소유주의 **인출**이라고 한다.

설국과 설아는 6월 1일 5월의 당기순이익이 350만 원이고, 창업 때의 출자 비율이 5:1(= 500만 원 : 100만 원)이므로 각각 200만 원과 40만 원을 5월 이익에 대한 배분으로 결정하고, 현금 총 240만 원을 나눠 가졌다. 개인기업 주인의 현금 인출은 개인기업의 현금(자산)을 감소시키고, 부채는 변동이 없으므로 개인기업의 순자산을 감소시킨다. 현금 240만 원의 인출 후 설국빙수의 재무 상태는 다음과 같다.

<6월 1일 설국빙수의 재무 상태>

자산 1,110만 원 = 부채 400만 원 + 순자산 710만 원

자산		=	부채	+	순자산	
현금	123만 원	=	차입금 400만 원	+	자본금	600만 원
은행예금	220만 원				당기순이익	350만 원
빙수기 등	295만 원				인출금	(240만 원)
가구	59만 원					
인테리어	413만 원					

설국과 설아의 인출 전 현금 잔액은 363만 원이었으나 240만 원의 인출로 123만 원이 되고, 자산총계는 인출 전 1,350만 원이었으나 현금 240만 원의 감소로 1,110만 원이 된다. 부채총계는 변동 없이 그대로 400만 원이고, 순자산총계(자본총계)는 자산 1,110만 원에서 부채 400만 원을 뺀 710만 원이 된다.

설국빙수의 순자산(자본)은 설국과 설아가 출자한 600만 원에서 출발하여 5월 당기순이익 350만 원만큼 증가하였고, 인출금 240만 원만큼 감소하여 현재 순자산총계(자본총계)는 710만 원이다. 요약하면, 개인기업의 순자산(자본)은 소유주가 출자하거나 당기순이익이 발생하면 증가하고, 당기순손실이 발생하거나 소유주가 인출하면 감소한다.

■ 한국의 경영인과 기업⑥

구인회와 LG

1907년 경남 진주의 유교 집안 장남으로 태어난 구인회는 고향에서 협동조합을 운영한 경험을 바탕으로 1931년 진주에서 동생 구철회와 함께 '구인회 포목상점'을 시작하였다. 첫해 큰 손실이 나고, 땅을 담보로 돈을 빌리는 어려움을 겪기도 했으나 사업은 점차 순조롭게 진행되었다. 그러나 1936년 남강의 대홍수로 다시 큰 피해를 보았으나 홍수가 난 뒤에 풍년이 오고, 옷감에 대한 수요가 급증한다는 경험을 바탕으로 옷감을 외상으로 구입하여 그해 가을에 크게 성공하였다.

해방 후 부산으로 옮긴 구인회는 화장품 판매사업이 성공하자 1947년 '락희화학공업사(현 LG화학)'를 설립하고, '럭키크림'을 자체적으로 제조하여 선풍적인 인기를 끌었다. 동생 구태회는 럭키크림의 깨지지 않는 뚜껑을 개발하는 과정에서 일본의 전문서적을 통해 플라스틱 제조법을 습득하였다. 구인회는 1952년 '동양전기화학공업사'를 설립하였고 사출성형기를 도입하여 국내 최초로 플라스틱 빗, 비눗갑, 칫솔 등 다양한 플라스틱 제품을 생산하였다.

다음으로는 치약의 제조에 도전하여 동생 구평회가 미국의 향료회사로부터 제조정보를 입수하여 1955년 국내 최초로 '럭키치약'을 출시하였고, 3년 만에 외제 치약을 물리치고 국내시장 1위에 올라서게 되었다.

1957년 하이파이 전축의 음향에 매료된 구인회는 전자제품의 국내 제조를 결심하고, 임원들의 반대에도 불구하고 1958년 '금성사(현 LG전자)'를 설립하였다. 1959년에 국산 라디오를 개발했지만, 외제 상품에 막혀 판매에 어려움을 겪었으나 1961년 '농어

촌 라디오 보내기 운동'에 라디오 5,000대를 기증하는 것을 계기로 판매량이 급증하였다.

금성사는 1961년 자동전화기, 1965년 냉장고, 1966년 흑백 텔레비전, 1968년 에어컨, 1969년 세탁기를 모두 국내 최초로 개발·생산하였다. 한편, 락희화학은 1966년 국내 최초로 합성세제 '하이타이'를 개발하였고, 입소문을 타고 인기 상품이 되었으며 이후 하이타이는 합성세제의 대명사가 되었다.

1965년 구인회는 새로운 사업으로 플라스틱의 원재료인 석유화학제품에 관심을 두고, 궁극적으로는 석유를 여러 성분으로 분리하는 정유사업을 구상하였다. 그러나 당시 국가가 운영하던 정유회사가 있던 관계로 정부는 민간 정유사업을 허가하지 않았다. 이후 정부가 제2정유공장을 공모하게 되었고, 1967년 미국의 '칼텍스'와 합작으로 '호남정유'(현 GS칼텍스)를 설립하고 정유사업권을 획득하였다.

인화단결(人和團結, 사람들이 화합하여 마음과 힘을 한데 뭉침)을 경영이념으로 삼고, 근검절약하는 생활로 평생을 사업에 투신한 구인회는 1969년 63세를 일기로 별세하였다. 구인회의 뒤를 이어 구자경, 구본무를 거치며 성장을 거듭하여 현재는 LG그룹(LG전자, LG화학, LG유플러스 등), GS그룹(GS칼텍스, GS리테일, GS건설 등), LS그룹(LS전선 등)으로 분리되었다. 2021년 실적을 기준으로 LG전자는 생활가전 매출에서 27조 1,097억 원을 달성하여 기존 세계 1위 업체인 미국의 월풀(Whirlpool)을 약 2조 원 차이로 제치고 선두에 올랐다.7)

참고문헌: 『비전을 이루려면 I - 연암 구인회』(김영태, 2012, ㈜LG), 『구인회처럼: 불모의 땅에서 개척자 정신으로』(이경윤, 2013, FKI미디어)

7) 강경주 기자, "LG전자 일냈다…월풀 제치고 사상 첫 가전 세계 1위" 한국경제신문. 2022년 1월 27일.

■ 한국의 경영인과 기업⑦

유일한과 유한양행

유일한은 1895년 평양에서 9남매 중의 장남으로 태어났다. 기독교 신자인 부친은 미국으로 두 명의 아이를 유학 보낼 수 있다는 선교사의 말을 듣고 아홉 살이던 유일한을 시대를 이끌 지도자로 키우기 위해 미국으로 유학을 보낸다. 미국 네브라스카주에서 독실한 기독교 자매의 따뜻한 보살핌 속에 초·중·고교를 마친 유일한은 학비를 벌기 위해 1년간 일한 후 미시간 대학에 입학하였다.

대학을 졸업한 후 GE(General Electric)에서 회계사로서 일하기도 했으나 미국에 거주하는 중국인에게 인기 있는 숙주나물을 판매하는 식품업을 시작하여 숙주나물 통조림을 개발하였다. 1922년 미국인 친구와 라초이 식품회사를 창업하였고, 주문이 밀려올 정도로 크게 성공하였다. 숙주나물의 원료인 녹두를 사기 위해 21년 만에 중국과 고국을 방문한 그는 당시 일제 치하의 비참한 현실을 직접 보고, 고국으로 돌아와 병들고 굶주린 동포들을 위해 봉사하겠다고 결심하였다.

라초이 식품회사의 주식을 매각한 자금으로 많은 의약품을 구입하여 중국인 아내와 함께 1926년 귀국하였다. 유한양행을 설립하여 당시 한국 제약업계를 지배하던 일본 업체에 맞서 미국의 의약품을 수입하여 판매하기 시작하였다. 3~4년 만에 회사를 급성장시킨 유일한은 한국의 특산품을 미국으로 수출하고 만주, 중국, 대만, 일본 지역까지 판매망을 구축하며 의약품의 국내 생산도 시작하였다. 제2차 세계대전과 한국전쟁에도 살아남은 유한양행은 건강한 국민, 병들지 않은 국민만이 주권을 누릴 수 있다는 유일한의 신념 하에서 양질, 염가의 제품을 생산하며 오늘에 이르고 있다.

정당하며 정상적인 이윤 추구는 기업의 일차적인 목적이 되나 이윤은 사회를 위해 환원되어야 한다는 것이 유일한의 경영 철학이었다. 좋은 제품을 만들어 국민에게 제공하고 양심적으로 세금을 납부하되 세금 이외의 다른 돈을 정부에 바쳐 그 대가로 어떤 도움을 받아서는 안 된다는 신념을 갖고 있었다. 1967년에 실시한 세무감사에서 유한양행에서는 어떠한 부정 수입과 부정 지출도 발견되지 않았고, 약품의 함량 미달도 없었다.

국가에 실질적으로 도움이 되는 기술자를 육성하기 위해 3년간 전액 장학금을 지급하는 유한공고와 유한공업전문대학을 설립하였다. 유일한은 유한양행의 주식을 연세대와 보건장학회에 기증하였으며 서울시가 교량 건설을 위해 유한양행의 땅을 매입할 때에도 시가보다 훨씬 낮은 가격임에도 이의 없이 이를 수용하였다. 간부들의 권고로 미국 변호사인 아들에게 기업경영을 맡겨 보았으나 경영에 관한 신념이 자신과 다르자 결국 전문경영인에게 유한양행을 맡기고 1969년 유일한은 아들과 함께 회사를 떠났다. 1971년 3월 유일한은 손녀에게 대학 학자금 1만 달러만을 주고 자신이 소유한 땅과 주식은 모두 공익사업을 위해 기증한다는 유언장을 남긴 채 76세를 일기로 영면하였다.

참고문헌: 『유일한의 생애와 사상』(김형석, 2016, 올댓스토리), 『유일한을 기억하다』(민석기, 2015, 중앙북스)

〈회계용어 초성퀴즈 (III장)〉

번호	용어 설명	용어 초성
1	은행 등 금융기관이 개인 또는 기업에게 돈을 빌려 주는 것	ㄷㅊ
2	개인이 세무서에서 사업자등록증을 발급받아 운영하는 기업	ㄱㅇㄱㅇ
3	자산에서 부채를 차감하고 남은 것	ㅅㅈㅅ
4	이번 기간에 발생한 총수익에서 총비용을 빼고 남은 것	ㄷㄱㅅㅇㅇ
5	회계에서 직전 기간을 뜻하는 말	ㅈㄱ
6	은행 등으로부터 갚기로 하고 빌린 돈	ㅊㅇㄱ
7	현금 등 기업이 보유하는 경제적 자원	ㅈㅅ
8	특정일 현재, 기업의 자산, 부채, 순자산의 내역과 잔액을 표기한 표	ㅈㅁㅅㅌㅍ
9	자산 = 부채 + 순자산	ㅎㄱㄷㅅ
10	기업의 소유주가 회사에 사업자금으로 납입한 금액	ㅈㅂㄱ
11	은행 등으로부터 돈을 빌렸거나 외상으로 재화 등을 구입하여 장래에 갚아야 할 의무	ㅂㅊ
12	회계에서 이번 기간을 뜻하는 말	ㄷㄱ
13	돈을 빌려준 대가로 일정한 비율의 돈을 지급하는 것	ㅇㅈ
14	순자산과 같은 말로 자산에서 부채를 차감하고 남은 것	ㅈㅂ
15	차입금을 갚아야 하는 날	ㅁㄱㅇ
16	기업의 소유주가 본인의 돈을 회사의 사업을 위해 내는 것	ㅊㅈ
17	회계에서 다음 기간을 뜻하는 말	ㅊㄱ

IV. 설국빙수의 위기

4.1 매출 감소

창업 이래 매달 흑자 행진을 이어가던 설국빙수는 날씨가 선선해지면서 판매가 줄어들기 시작했다. 9월까지는 그래도 괜찮았으나 10월이 되면서 방문하는 고객의 수가 눈에 띄게 줄더니 10월 말 결산 결과 다음과 같이 창업 이래 처음으로 34,000원의 손실이 나고 말았다.

〈표 4.1〉 20×2년 10월 설국빙수의 손익계산서

손익계산서 20x2.10.1. ~ 20x2.10.31			
설국빙수			(단위: 원)
매출수익(매출액)			5,400,000
비용			5,434,000
	가게 임차료(월세)	200,000	
	재료비	1,944,000	
	수도료, 전기료, 가스료 등 공과금	400,000	
	광고비	500,000	
	아르바이트생 인건비	2,160,000	
	지급수수료	100,000	
	감가상각비	130,000	
당기순손실			(34,000)

10월 한 달간 판매한 빙수는 900개로 휴업일을 제외하면 하루에 33개(= 900개 ÷ 27일) 정도 판 셈이었다. 빙수 판매

량이 감소한 가장 큰 이유는 더위가 가고 추위가 느껴지면서 사람들이 빙수를 잘 먹지 않는다는 것이다. 10월이 이 정도인데 다가오는 겨울은 매출이 더 떨어질 것이 뻔했다.

설국은 창업 이후 처음으로 위기감을 느꼈다. 겨울철에 매출을 늘릴 수 있는 방법을 찾아야만 했다. 먼저, 설국은 예전에 프랜차이즈 빙수 가게에서 아르바이트할 때를 떠올렸다. 빙수 말고도 피자, 떡볶이, 붕어빵, 와플, 호떡, 마카롱 등을 판매했고, 커피, 스무디, 생과일주스 등 음료도 팔았다. 사실 그때는 빙수 가게에서 빙수와 관련이 없는 것을 왜 이렇게 많이 파는지 제대로 이해하지 못했는데 빙수 가게를 추운 날씨에도 운영해야 하므로 다른 메뉴가 필요함을 깨달을 수 있었다.

설국은 고민 끝에 영업 종료 후 설아, 아르바이트생인 민준과 은서와 함께 대책 회의를 열었다. 설아는 날씨가 추워지면 따뜻한 음식이 잘 팔릴 것이라고 하며 조리법이 비교적 간단한 와플과 붕어빵을 추가로 파는 것이 좋겠다는 의견을 냈다.

민준은 차가운 빙수와 잘 어울리는 것은 매운 음식이라며 떡볶이를 추천했고, 따끈한 군고구마와 빙수를 함께 먹을 수 있도록 세트 메뉴를 만들자는 아이디어를 냈다. 은서는 따뜻하면서 팥빙수와 재료가 같은 단팥죽을 제안했고, 건강식인 호박죽도 함께 메뉴에 넣자고 말했다.

설국은 의견을 들은 뒤, 우선 커피 머신을 구입하여 커피를 팔고, 커피를 이용한 에스프레소빙수를 추가하자는 의견을 냈다. 이에 민준은 자기가 바리스타 자격증을 갖고 있다며 커피에 대해서는 자신이 있고, 커피 머신과 구입가격에 대해서는 직접 알아볼 수 있다고 말했다.

추가 메뉴에 대해서는 장시간 토론 끝에, 빙수가 매운 음식과 잘 어울리지만, 분식인 떡볶이는 디저트 매장의 성격상 잘 어울리지 않는 것 같고, 단팥죽과 호박죽은 단시일 내로 맛있게 만드는 방법을 터득하기가 사실상 어렵다고 판단했다.

그래서 비교적 만들기 쉽고 기본적인 맛도 보장되는 와플, 붕어빵, 호두과자를 우선적으로 추가하기로 했다. 설국과 설이는 와플, 붕어빵, 호두과자를 만드는 기계를 알아보기로 했고, 은서는 천천히 시간을 갖고 맛있는 단팥죽 레시피를 알아보기로 했다.

지난 며칠 동안 고민에 빠져 있던 설국은 이제 조금 돌파구가 보이는 것 같았다. 겨울은 크게 적자만 나지 않는다면 여름에 만회할 수 있다고 자신을 위로하며 새롭게 선보일 메뉴의 개발에 사활을 걸어야겠다고 다짐했다.

설국과 설아가 인터넷 검색과 전화 문의를 통해 확보한 와플, 붕어빵, 호두과자 기계의 가격과 민준으로부터 받은 커피 머신과 커피원두 그라인더의 가격은 다음과 같다.

〈표 4.2〉 추가 메뉴를 위해 필요한 기계의 시장조사 내역

품 목	가 격	비 고
와플 기계	504,000원	업소용 벨기에 와플 2구
붕어빵 기계	450,000원	업소용 5구
호두과자 기계	480,000원	업소용 16구
커피 머신	3,000,000원	이탈리아산, 스팀노즐 2개
커피원두 그라인더	240,000원	
합 계	4,674,000원	

설국과 설아는 한꺼번에 기계를 모두 구입하기보다는 먼저, 커피 머신, 커피원두 그라인더, 와플 기계를 설치한 후 능숙하게 되면 붕어빵과 호두과자 기계를 사기로 했다. 10월 말 현재 설국빙수가 보유하고 있는 현금과 은행예금 잔액은 커피 머신, 커피원두 그라인더, 와플 기계를 구입하기에 충분했다.

4.2 커피의 원가와 손익분기점

커피 머신을 주문하기 전에 설국은 커피를 한 달에 몇 개나 팔아야 이익이 날 수 있는지, 즉 커피 판매의 손익분기점이 궁금했다. 커피 가게를 새로 내는 것이 아니라 기존의 빙수 가게에 커피를 추가로 판매하는 것이므로 커피의 판매로 추가로 발생하는 비용은 커피 재료비, 커피 머신과 커피원두 그라인더의 감가상각비, 커피 판매로 늘어나는 전기료, 수도료, 가스료 등 공과금이다.

설국은 대학 전공수업으로 수강했던 '원가회계'의 교과서를 찾아가며 필요한 내용을 다음과 같이 정리하였다.

회계에서는 어떤 제품을 얻기 위해 사용된 자원을 금액으로 나타낸 것을 **원가**(cost)라고 한다. 먼저, 커피 한 잔을 만드는데 들어가는 재료의 원가를 산출해 보자. 커피 한 잔에 들어가는 재료는 커피원두, 설탕 또는 시럽, 크림 또는 우유, 종이컵, 뚜껑, 컵홀더이다.

설국은 인터넷 검색을 통해 커피원두의 종류는 다양하지만 커피원두 가격은 대략 1kg에 2만 원임을 알게 되었다. 커피원두 1g은 20원(= 20,000원 ÷ 1,000g)인 셈이다. 그리고 바리스타 자격증이 있는 민준에게 한 잔에 들어가는 커피원두의 양을 물어보았더니 10~20g이 들어가는데 진한 커피를 좋아하는 설국은 20g을 정량이라고 보았다. 그렇다면 커피 한 잔에 들어가는 커피원두의 원가는 400원(= 20g × 20원)이다.

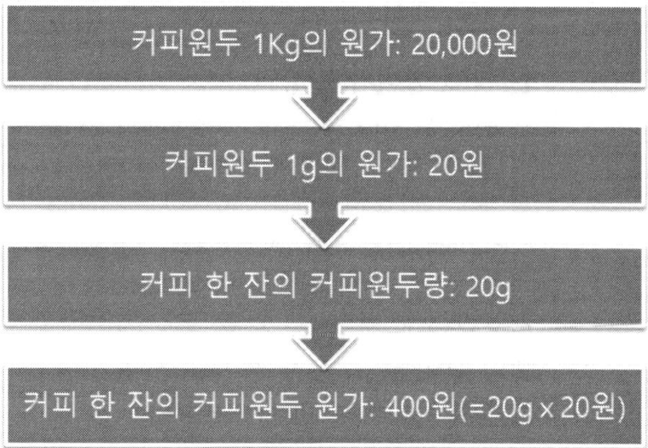

여기에 커피 한 잔에 필요한 설탕(시럽), 크림(우유), 종이컵, 뚜껑, 컵홀더의 비용을 대략 한 잔당 150원, 전기료, 수도료 등 늘어나는 공과금이 한 잔당 50원이라고 하면 커피 한 잔의 재료 원가는 600원(= 400원 + 150원 + 50원)이다.

커피 한 잔의 가격은 커피 전문점에서 2,500원에서 4,300원 정도인데 설국빙수는 커피 전문점이 아니고 전통시장 내에 위치하므로 한 잔에 2,000원이 적당하다고 판단하였다. 그렇다면 커피 한 잔의 판매로 1,400원(= 2,000원 - 600원)이 남는 셈이 된다.

그러나 커피를 만들기 위해서는 커피 머신와 커피원두 그라인더를 구입해야 한다. 커피 머신과 커피원두 그라인더는 모두 5년 사용 후에 폐기한다고 가정하면, 커피 머신의 가격 300만 원을 60개월로 나누면 한 달의 감가상각비는 5만 원(= 3,000,000원 ÷ 60개월)이고, 커피원두 그라인더의 가격 24만 원을 60개월로 나누면 한 달의 감가상각비는 4,000원(= 240,000원 ÷ 60개월)이다.

여기에 커피 머신의 수선 및 유지 비용이 매월 2만 원 정도 발생한다고 가정하면, 커피의 판매로 인해 감가상각비와 수선유지비로 매월 74,000원(= 50,000원 + 4,000원 + 20,000원)의 고정비가 발생한다.

기존에 빙수를 파는 가게에서 추가로 커피를 파는 것이므로 임차료, 인건비, 가구 및 인테리어 감가상각비가 늘어나는 것은 없다. 따라서 커피의 판매로 매월 74,000원의 추가 고정비가 발생하는데 커피 한 잔을 팔면 1,400원이 남으므로 커피 판매로 매월 발생하는 추가 고정비를 회수할 수 있는 판매량을 다음과 같이 계산할 수 있다.

74,000원 ÷ 1,400원 = 52.86잔

따라서 한 달에 53잔을 팔면 적어도 손실은 나지 않고, 52잔 이하로 팔면 손실이 난다. 한 달 30일 중 4일을 쉬고 26일을 영업한다고 가정하면, 하루에 2.04잔(= 53잔 ÷ 26일), 적어도 3잔을 팔아야 커피 판매로 인한 손실은 발생하지 않는다.

손실이 나지 않더라도 이익이 너무 적으면 사업을 계속 하기가 곤란하다. 만약, 설국빙수가 커피의 판매로 월 100만 원의 이익이 나려면 몇 잔을 팔아야 할까? 100만 원의 이익이 나려면 한 잔당 이익 1,400원으로 74,000원의 고정비를 감당하고 추가로 100만 원의 이익이 더 나야 하므로 1,074,000원(= 74,000원 + 1,000,000원)을 1,400원으로 나누면 767.14잔이고, 다시 26영업일로 나누면 29.51잔이다. 따라서 하루에 커피 30잔을 팔면 커피 판매로 월 100만 원의 이익이 날 수 있다.

하지만 이러한 계산은 빙수의 판매량이 더는 감소하지 않고, 커피 머신과 커피원두 그라인더를 5년간 사용하며, 커피의 판매로 커피 재료비, 커피 머신 등의 감가상각비, 수선유지비를 제외하면 추가로 발생하는 인건비나 인테리어 비용은 없다고 가정한 것이다. 만약, 빙수의 판매량이 더 감소하거나 또는 커피 머신이 고장나거나 또는 일손이 부족하여 아르바이트생을 추가로 고용하여 인건비가 더 발생한다면 예상과 달라질 수 있다.

4.3 와플의 원가와 손익분기점

와플 기계에 들어갈 반죽은 와플 기계 판매업체로부터 추천받은 것을 구입하여 사용하기로 했고, 와플에 바닐라아이스크림을 얹고, 그 위에 토핑으로 빙수에도 사용되는 딸기청, 단팥과 밀크티잼을 사용할 예정이다.

와플의 가격은 종류와 크기에 따라 다양한데 와플 전문점의 플레인 와플은 2,200원에서 2,300원 정도이고, 아이스크림와플(토핑 포함) 가격이 3,900원에서 5,000원 정도이다. 설국빙수는 플레인 와플은 1,500원, 딸기아이스크림와플을 3,000원에 판매하기로 했다. 설국은 와플에 대해서도 손익분기점을 다음과 같이 계산해 보았다.

와플 반죽은 5kg에 15,000원 정도이고, 이것으로 와플 30개를 만들 수 있다. 따라서 와플 한 개의 반죽 원가는 500원(=15,000원 ÷ 30개)이고, 여기에 바닐라아이스크림은 5리터에 12,000원인데 5리터는 대략 40스쿱이므로 한 스쿱당 300원(=12,000원 ÷ 40스쿱)이다. 와플 한 개에 한 스쿱을 준다면 아이스크림 원가는 300원이 된다.

토핑으로 들어가는 딸기청은 1kg에 11,550원인데 딸기아이스크림와플 한 개에 딸기청 30g이 들어간다면 딸기청 1kg으로 딸기아이스크림와플 33개(= 1,000g ÷ 30g)를 만들 수 있다. 따라서 와플 한 개를 만드는데 토핑으로 들어가는 딸기청의 원가는 350원(= 11,550원 ÷ 33개)이다.

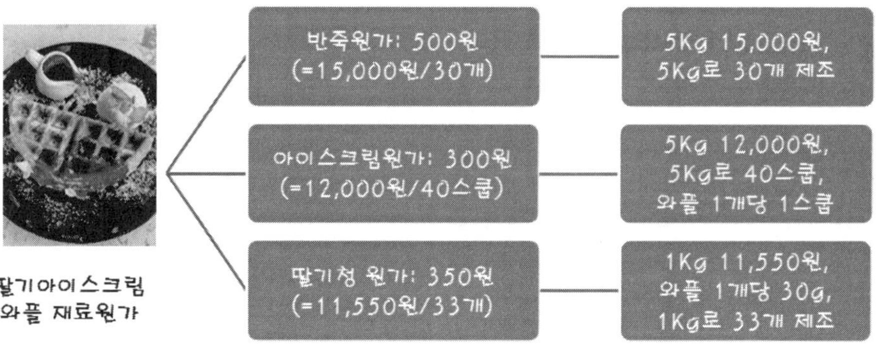

딸기아이스크림
와플 재료원가

마지막으로 와플 한 개를 만드는데 전기료, 수도료 등 늘어나는 공과금이 한 개에 100원이라고 하면 딸기아이스크림와플의 재료원가는 1,250원(= 500원 + 300원 + 350원 + 100원)이다. 딸기아이스크림와플 한 개의 가격을 3,000원으로 정했으므로 와플 한 개를 팔면 1,750원(= 3,000원 - 1,250원)이 남는다.

한편, 와플 기계는 504,000원이고 3년, 즉 36개월을 사용한다면 매월 감가상각비는 14,000원(= 504,000원 ÷ 36개월)

이다. 여기에 와플 기계의 수선 및 유지비용이 매월 10,000원 발생한다고 가정하면 와플 판매로 인해 매월 24,000원(=14,000원 + 10,000원)의 고정비가 발생한다. 와플의 판매로 매월 24,000원의 고정비가 발생하는데 딸기아이스크림와플 한 개를 팔면 1,750원의 이익이 나므로 손익분기점 판매량을 계산하면 다음과 같다.

24,000원 ÷ 1,750원 = 13.71개

따라서 와플의 손익분기점 판매량은 14개로 한 달에 14개를 팔아야 적어도 손실은 나지 않는다. 만약, 와플 판매로 월 100만원의 이익이 나려면 몇 개를 팔아야 할까?

와플 한 개에 1,750원이 남는데 와플 관련 감가상각비와 수선유지비 24,000원에 추가로 100만원의 이익이 더 남아야 하므로 1,024,000원을 1,750원으로 나누면 585.14개이다. 이를 26영업일로 나누면 22.51개, 즉 와플을 하루에 23개 팔아야 100만원의 이익이 날 수 있다.

커피와 마찬가지로 빙수의 판매량이 더 줄지 않고, 와플 기계도 3년간 사용하며 와플과 관련된 재료비, 감가상각비와 수선유지비를 제외하면 와플 판매로 인해 추가로 발생하는 인건비나 인테리어 비용은 없다고 가정한 것임에 주의해야 한다.

4.4 새로운 메뉴의 출시

11월 첫째 주에 커피와 와플 기계의 설치가 완료되었다. 민준은 설국을 비롯해 설아, 은서에게 커피 머신의 사용법을 가르쳐 주었고, 설치한 날부터 커피 음료를 팔기 시작했다. 와플은 이틀간의 테스트를 거쳐 딸기아이스크림와플, 통단팥아이스크림와플, 밀크티아이스크림와플을 둘째 주부터 팔기 시작하였다. 새로운 메뉴를 알리기 위해 11월 말까지 빙수를 구입할 경우 와플 한 조각을, 와플을 구입할 경우 커피 한 잔을 무료로 제공하기로 했다.

11월 말 결산을 해 보니, 빙수의 판매는 실망스럽게도 10월 판매량 900개보다 더 떨어져 750개였고, 새로 선보인 커피는 하루 20잔 정도가 팔려 총 520잔을 팔았으며, 와플은 생각처럼 잘 팔리지는 않아 한 달간 플레인 와플 50개, 아이스크림와플 70개를 판매하는 데 그쳤다. 설국이 작성한 11월의 손익계산서는 다음과 같다.

〈표 4.3〉 20×2년 11월 설국빙수의 손익계산서

손익계산서 20x2.11.1. ~ 20x2.11.30			
설국빙수			(단위: 원)
매출수익(매출액)			5,825,000
	빙수 매출	4,500,000	
	커피 매출	1,040,000	
	와플 매출	285,000	
비용			5,878,000
	가게 임차료(월세)	200,000	
	빙수 재료비	1,580,000	
	커피 재료비	370,000	
	와플 재료비	230,000	
	전기료, 수도료, 가스료 등 공과금	520,000	
	광고비	500,000	
	아르바이트생 인건비	2,160,000	
	지급수수료	100,000	
	감가상각비	198,000	
	수선유지비	20,000	
당기순손실			(53,000)

매출수익 5,825,000원은 빙수, 커피, 와플의 매출로 구성되

는데 빙수 매출수익이 4,500,000원(= 750개 × 6,000원), 커피 매출수익이 1,040,000원(= 520잔 × 2,000원), 와플 매출수익이 285,000원(= 50개 × 1,500원 + 70개 × 3,000원)이다.

재료비는 총 2,180,000원으로 빙수 재료비가 1,580,000원, 커피 재료비가 370,000원, 와플 재료비가 230,000원이다. 커피와 와플을 일부 무료로 지급하다 보니 재료비가 판매량 대비 더 증가하였다. 전기료, 수도료, 가스료 등 공과금이 520,000원이고, 감가상각비는 총 198,000원으로 빙수 관련 130,000원, 커피 관련 54,000원, 와플 관련 14,000원이다. 11월에 발생한 수선유지비는 20,000원이다.

결국 11월의 당기순손실은 53,000원으로 10월의 당기순손실 34,000원보다 약간 더 늘어났다. 설국은 커피와 와플을 새로 판매했음에도 여전히 손실이 발생하여 실망스러웠지만 냉정하게 이익이 나지 않은 이유를 곰곰이 생각해 보았다. 커피는 520잔 판매로 선방했지만, 와플은 비록 둘째 주부터 판매하기 시작했지만, 판매량이 총 120개로 기대에 미치지 못했고, 무엇보다도 빙수의 판매량이 10월보다 150개(= 900개 - 750개)가 감소한 것이 가장 큰 원인이었다.

앞으로 겨울 석 달간은 날씨가 더 추워지므로 빙수의 판매량은 더 떨어질 것이므로 손실을 줄이기 위해서는 커피와 와플의 판매량을 늘릴 대책을 세워야 했다. 설국은 영업 종료 후 설아, 민준, 은서와 함께 대책 회의를 다시 열었다.

설아는 와플을 살 때 빙수를 함께 주문하는 것을 유도하기 위해 와플과 빙수의 세트 메뉴를 만들고, 가격을 각각 따로 주문할 때보다 10% 싸게 책정하자고 제안했다. 민준은 요즘은 배달앱이 대세이므로 설국빙수도 유명 배달앱에 등록하여 배달 주문을 받자고 제안했다. 은서는 겨울에는 아무래도 따뜻한 커피가 잘 팔리므로 커피의 판매를 늘리기 위해 커피 10잔을 구입하면 1잔을 무료로 제공할 수 있도록 고객에게 스탬프 카드를 나누어 주는 것을 제안했다.

설국은 논의 끝에 플레인 와플과 커피, 아이스크림와플과 커피, 플레인 와플과 빙수, 아이스크림와플과 빙수의 세트 메뉴를 만들고, 각각 별도로 주문할 때보다 10% 할인된 가격에 제공하기로 했고, 고객을 위한 커피 스탬프 카드를 제작하기로 했다. 또한 최근 유행하는 배달앱을 통해 주문을 받는 것도 긍정적으로 검토해 보기로 했다.

설국은 인터넷 검색과 전화 통화로 유명 배달앱의 중계수수료가 주문가격의 약 10%, 배달앱 광고비가 매월 160,000원이고, 배달기사에게 건당 4,000원을 지급하며 배달대행업체에게는 매월 관리비 100,000원을 별도로 지급해야 함을 알게 되었다. 매월 광고비와 관리비를 합쳐 260,000원(= 160,000원 + 100,000원)을 고정비로 지급해야 하므로 적어도 배달 주문을 통해 260,000원 이상을 남겨야 최종적으로 이익이 생기는 구조이다.

설국은 배달앱 주문은 수수료와 배달료가 발생하므로 세트 메뉴의 할인은 없고, 세트 메뉴 2개를 최소 주문으로 정해 보았다. 만약 플레인 와플과 빙수의 세트 메뉴를 2개 주문한다면 15,000원(= 1,500원 × 2개 + 6,000원 × 2개)이 수익이고, 빙수와 와플의 제조원가는 빙수가 4,200원(개당 2,100원으로 가정), 플레인 와플이 1,200원(개당 600원)으로 총

5,400원이므로 세트 메뉴 2개의 주문으로 9,600원(= 15,000원 - 5,400원)이 남는다.

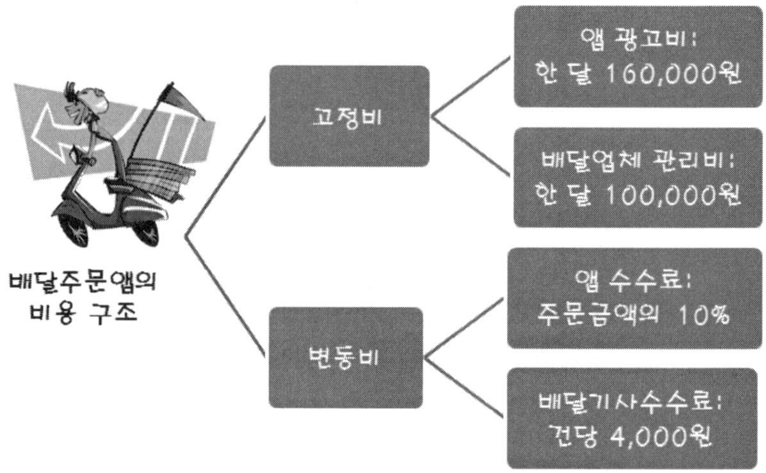

그런데 주문 한 건당 발생하는 배달기사 지급비 4,000원, 배달앱 수수료 1,500원(= 15,000 × 10%)을 제외하면 4,100원(= 9,600원 - 4,000원 - 1,500원)이 남는다. 그렇다면 배달 주문으로 매월 고정적으로 지급하는 배달앱 광고비(160,000원)와 배달대행업체 수수료(100,000원)의 합계 260,000원을 감당하려면 배달 주문을 몇 개나 받아야 할까?

260,000원 ÷ 4,100원 = 63.41개

손익분기점 판매량이 64개로 세트 메뉴 2개의 주문을 한 달에 64번은 받아야 고정비 260,000원을 상쇄할 수 있고, 64개 미만이면 오히려 손실이 난다. 설국은 겨울이라 배달 주문을 그만큼 받을 수 있을지 확신이 서지 않았다. 그래서 배달앱 등록은 일단 겨울이 지난 후에 하는 것으로 결정하였다.

4.5 설국빙수의 겨울나기

12월부터 2월까지 설국은 줄어드는 빙수의 판매 추세를 멈추고, 커피와 와플의 판매를 늘리기 위해 고군분투했다. 비록 12월과 1월에도 이익이 나지는 않았지만, 2월부터는 빙수의 판매량이 다시 늘어나고 있음을 느낄 수 있었다.

세트 메뉴의 출시는 예상대로 빙수의 판매를 늘리는 효과가 있었다. 할인된 가격에 와플과 빙수를 함께 먹을 수 있어 가성비가 좋았고, 따뜻한 와플과 차가운 빙수가 잘 어울린다는 점이 고객에게 주효했다. 한편, 커피의 판매는 더 늘지는 않았지만, 단골손님들의 방문이 꾸준히 이어졌다.

10월부터 1월까지 4개월째 손실을 보았기에 2월의 영업 결과는 매우 중요했다. 설국은 떨리는 마음으로 2월의 영업을 마치고 손익계산서를 다음과 같이 작성하였다.

〈표 4.4〉 20×3년 2월 설국빙수의 손익계산서

손익계산서 20x3.2.1. ~ 20x3.2.28			
설국빙수			(단위: 원)
매출수익(매출액)			6,298,000
	빙수 매출	4,764,000	
	커피 매출	1,162,000	
	와플 매출	372,000	
비용			5,686,000
	가게 임차료(월세)	200,000	
	빙수 재료비	1,665,000	
	커피 재료비	323,000	
	와플 재료비	145,000	
	전기료, 수도료, 가스료 등 공과금	530,000	
	광고비	500,000	
	아르바이트생 인건비	2,000,000	
	지급수수료	100,000	
	감가상각비	198,000	
	수선유지비	25,000	
당기순이익			612,000

2월 당기순이익 612,000원! 드디어 이익을 달성했다. 만족할 만한 수준은 아니었지만, 위기를 극복하고자 고민 끝에 마련한 대책이 연속되는 손실을 멈추게 했고, 앞으로는 날씨가 따뜻해져서 빙수 매출이 늘어난다는 점에서 매우 고무적인 결과였다. 설국은 오랜만에 위기감에서 벗어나 안도의 숨을 쉴 수 있었다.

■ 한국의 기업과 경영인⑧

박태준과 POSCO

1927년 경남의 작은 어촌에서 태어난 박태준은 7세에 아버지가 일하고 있던 일본으로 이주하였다. 일본에서 초·중학교를 거쳐 1945년 와세다대학교 공대에 입학하였다. 해방 후 가족과 함께 귀국하였지만, 원하던 학업을 이어갈 수 없었던 박태준은 1948년 경비사관학교(현 육군사관학교) 6기로 입교하여 군인으로서 새로운 출발을 시작하였다. 한국전쟁 발발 당시 포천 1연대에서 근무하던 박태준 대위는 종전 때까지 최전방과 후방을 누비며 무공훈장을 세 번이나 받고 중령으로 진급하였다.

박태준은 군 내부의 비리 척결에 앞장섰고, 부정한 청탁과 뇌물을 철저히 거부했다. 1958년 연대장 재직 시, 가짜 식자재를 공급한 납품업자에 엄중한 처벌을 내리고, 그를 비호하는 고위장교의 회유와 협박에 끝까지 굴복하지 않았다.

박정희 전 대통령의 요청으로 1964년 당시 최대 수출기업인 대한중석 사장으로 취임한 후, 부정 청탁을 근절하고 종업원의 후생복지를 개선했으며, 간부들의 현장 경영을 독려하여 취임 1년 만에 적자기업을 흑자기업으로 전환하였다.

종합제철소 건설을 추진하던 박정희 전 대통령은 1967년 박태준을 사업추진위원장으로 임명하였다. 박태준은 제철소 부지를 매입하고, 주민들을 어렵게 설득하여 이주시켰으나 건설자금을 대기로 했던 국제차관단은 한국의 제철소 건립은 경제적 타당성이 희박하다며 지원을 거절하였다.

박태준은 이에 절망하지 않고 당시 일본과의 국교 협상에서 받기로 한 배상금 1억 달러를 제철소 건립에 투자하자는 의견을 제시하여 우여곡절 끝에 종합제철소 건설을 시작하였다. 박태준은 직원들에게 제철소 건설사업은 조상의 피의 대가로 추진된 것이므로 실패할 경우 우향우하여 동해 바다에 몸을 던질 각오로 일하자고 역설하였다. 부정한 청탁을 거부하고, 부실시공은 과감히 부수고 재시공하였으며 공사기간 단축을 위해 현장에서 공사를 진두지휘하였다.

1973년 드디어 포항제철(현 포스코) 제1기 설비가 완공되었고, 가동 첫해 1,200만 달러의 흑자를 달성하는 기적을 연출하였다. 25년간 제철사업에 투신하여 포항제철 1~4기의 준공에 이어 광양 제2제철소 1~4기를 완성하였다.

1986년에는 포항공대를 설립하였고, 1987년에는 철강업계의 노벨상이라고 불리는 '베세머 금상'을 수상하였다. 군 장교로서 조국을 위해 전장을 누볐고, 기업인으로 포스코의 건설과 성장에 전력을 다하였으며 평생을 청렴하게 살아온 박태준은 2011년 타계하였다.

참고문헌: 『세계 최고의 철강인 박태준』(이대환, 2007, 현암사), 『박태준처럼』(이경윤, 2013, FKI미디어)

■ 한국의 경영인과 기업⑨

최종현과 SK

최종현은 1929년 경기도 수원에서 태어났다. 1950년 서울대학교 농과대학 농화학과에 입학하였으나 한국전쟁으로 학업을 이어가지 못하다 부친의 제안으로 미국으로 유학을 떠났다. 시카고대학에서 경제학 석사과정을 마친 후 형의 사업을 도우라는 부친의 편지를 받고, 1962년 귀국하였다.

위기에 처한 회사(선경직물)의 이사를 맡으면서 수출을 개시하고 신제품을 출시하면서 회사를 회생시켰다. 1968년에 아세테이트 공장을, 1969년에는 일본 데이진과 공동으로 폴리에스테르 원사공장(현 SK케미칼)을 설립하였다. 1970년 형이 폐암으로 세상을 떠나면서 선경그룹의 회장으로 추대되었다. 선경그룹은 1978년 폴리에스테르 필름을 개발하고 1980년 비디오테이프를 세계 네 번째로 개발하였다.

최종현은 1973년부터 정유사업을 위해 접촉한 사우디아라비아의 실권자와 절친한 사이가 되어 이후 발생한 석유파동 때 한국에 대한 석유 수출금지를 해제하는 데 중요한 역할을 수행하였다 이스라엘에 협력하는 국가에 석유 수출을 금지한다는 석유수출국기구(OPEC) 결정에 한국이 석유수출금지국에 포함되자, 정부는 사우디 왕실 측근과 친분이 두터운 최종현을 사우디아라비아로 급파했고, 최종현은 사우디의 석유장관을 만나 석유수출금지 조치를 해제해 달라고 요청하여 결국 석유 공급을 약속받았다.

1980년에는 국영이던 대한석유공사(현 SK에너지)의 민영화 계획에 따라 원유의 안정적인 확보 능력을 바탕으로 인수 경쟁에 참여하였고, 쟁쟁한 대기업들을 제치고 인수에 성공하였다. 이후 국외 유전 개발에도 도전하여 몇 차례의 실패를 거듭한 끝에 1984년 북예멘 마리브 광구에서 유전 개발에 성공하였다.

1992년에는 제2이동통신사업권을 큰 점수 차이로 획득하였으나 당시 노태우 대통령과 사돈이라는 이유로 특혜 시비가 일자 스스로 사업권을 포기하였다. 그 후 1994년 국영 한국이동통신(현 SK텔레콤)의 공개매각에 참여하여 인수하였고, CDMA시스템을 개발하여 1996년 상용화에 성공하였다.

최종현은 전국경제인연합회(전경련) 회장으로 재직하면서 1997년 금융위기가 발생하기 1년 전부터 우리 경제가 심각한 위기에 처해 있음을 주장하였다. 금융위기 직전에는 건강이 악화되어 산소호흡기를 단 채로 청와대를 방문하여 김영삼 전 대통령께 국가 위기 상황이기에 긴급 조치가 필요하다고 역설하였다. 그러나 1997년 말 금융위기는 발생하고 말았고, 최종현은 그 다음 해에 별세하였다.

최종현은 장학사업에 관심이 많아 1973년 MBC 장학퀴즈가 시작할 때부터 후원하기 시작하여 EBS에서 진행하는 현재까지도 이어지고 있다. 1974년에는 개인 주식 50%를 출연하여 한국고등교육재단을 설립하였고, 5년간의 유학비를 지원하는 해외유학 장학프로그램을 시작하여 지금까지지도 계속하고 있다.

참고문헌: 『최종현처럼』(이경윤, 2013년, FKI미디어), 『나는 한없이 살았다』(홍사중, 2002년, 살림출판사)

V. 주식회사 설국빙수

5.1 주식회사

5년 후, 설국빙수는 빙수를 위주로 판매하면서 커피, 와플, 붕어빵, 호두과자를 함께 팔며 가성비 높은 맛집으로 알려졌고, 고객들이 SNS에 올린 후기 덕분에 멀리서 찾아오거나 배달앱을 통해 주문하는 손님들도 많이 늘었다. 설국은 지금의 점포로는 밀려드는 고객을 감당할 수 없는 정도에 이르렀다고 판단하여, 매장을 하나 더 내기로 했다.

한편, 설국빙수의 세무 관련 업무를 맡기고 있는 선배 세무사가 개인기업의 규모가 커지면 주식회사로 전환하는 것이 유리할 수 있다고 했던 말이 생각났다. 설국은 휴업일에 선배 세무사를 찾아가 이런저런 이야기를 나누고, 선배 세무사로부터 개인기업과 주식회사에 관해 다음과 같은 이야기를 들었다.

주식회사는 마치 사람처럼 부동산 등 자산을 취득할 수 있고, 금융기관으로부터 돈을 빌릴 수 있으며, 다른 사람 또는 다른 기업과 계약을 체결할 수 있다. 그래서 주식회사를 사람은 아니지만, 법이 인정한 사람이라는 뜻으로 **법인**(法人)이라고 부른다.

주식회사와 개인기업의 차이점은 다음과 같다. 첫째, 기업의 규모가 커질수록 사업자금이 더 많이 필요한데 주식회사가 개인기업보다는 자금을 조달하는 데 있어 더 유리하다. **주식회사**는 여러 명에게 주식을 발행해 준 대가로 현금을 출자받는 기업으로 다수로부터 자금을 조달하기가 쉽다. 또한 주식회사는 개인기업보다는 엄격한 회계처리를 하고, 규모도 크기 때문에 은행에서 돈을 빌릴 때도 비슷한 조건이라면 주식회사가 개인기업보다는 일반적으로 더 많이 차입할 수 있고, 더 낮은 이자율이 적용된다.

<주식회사와 개인기업의 비교>

주식회사	개인기업
주식발행을 통한 자금조달	개인이 출자
대규모 자금조달에 유리	설립이 간편
주식 매매 가능	소유권 매매 불가
주주에게 배당	소유자가 인출
주주는 출자금액까지 책임	소유자는 개인기업의 모든 부채 책임
주식회사가 법인세 납부	소유자가 종합소득세 납부

둘째, 주식회사의 주식을 보유한 사람을 **주주**라고 하는데 주주들이 주식회사의 주인이다. 주주는 자신이 보유한 주식의 가치가 오르면 다른 사람에게 주식 일부를 팔아 이득을 볼 수 있고, 기업이 망하더라도 자신이 투자한 자금만큼만 책임을 지면 된다. 하지만 개인기업의 소유주(주인)는 기업 일부를 다른 사람에게 팔 수 없고, 기업이 망하면 기업이 지급하지 못한 부채를 소유주가 모두 책임져야 한다.

셋째, 주식회사는 기업의 이익이 커질수록 주식회사가 부담하는 세금이 개인기업보다는 적다. 그 이유는 개인기업은 개인기업의 소유자가 종합소득세를 내고, 주식회사는 주식회사가 법인세를 내는데 종합소득세율이 주식회사에게 적용되는 법인세율보다 이익이 커질수록 더 높기 때문이다.

그러나 주식회사가 주주에게 이익의 일부를 현금으로 지급하는 것을 **배당**이라고 하는데 주주는 배당을 받을 때 배당에 대한 세금을 부담해야 한다. 또한 주주가 직접 해당 주식회사에서 근무하고 급여를 받는다면 주주는 자신의 급여에 대한 세금도 부담한다.

선배 세무사는 일반적으로 개인기업으로 시작한 사업이 수익의 규모가 커지고 여러 곳에 가맹점을 설립할 정도로 성장하면 주식회사로 전환한다고 조언해 주었다. 설국은 설국빙수가 전통시장 내 청년몰의 작은 맛집으로 계속 유지하는 것에 만족하지 않고, 가맹점을 늘려 더 많은 고객에게 맛있는 빙수를 합리적인 가격에 제공하고, 새로운 일자리도 만들 수 있는 프랜차이즈형 기업으로 성장하기를 희망하였다.

설국은 설아, 부모님과 의논하여 창업한 지 5년이 지난 현재의 시점에 설국빙수를 주식회사 설국빙수(이하 ㈜설국빙수)로 전환하기로 결정하였다. ㈜설국빙수는 주식회사로 전환한 후 2호점과 3호점을 각각 개설하였다. 2호점은 설국빙수의 창업 때부터 아르바이트했던 민준이가 대학을 졸업하면서 지하철역 부근에 있는 청년주택 상가에서 열었고, 3호점은 함께 아르바이트했던 은서가 다니던 대학교의 후문 근처에서 개설하였다.

5.2 주 식

설국빙수가 주식회사로 전환되면서 설아는 사장인 설국을 보좌하는 재무팀에서 일하게 되었다. 막 대학을 졸업한 설아는 실무 경험이 없는 것이 많이 걱정되었지만, 저녁시간을 이용하여 독학으로 공부하고, 모르는 것은 공인회계사가 된 신영경 선배에게 물어보기로 했다. 설아는 먼저, 주식에 관한 사항을 알아보고, 그 내용을 다음과 같이 정리해 보았다.

주식에는 크게 보통주와 우선주가 있다. 보통주는 주식 대다수에 해당하는 일반적인 주식으로 주주에게는 주주총회에서 한 주당 한 표를 행사할 수 있는 의결권이 있다. 반면에 우선주의 주주는 의결권이 없는 대신 배당의 지급에 있어 우선권이 있다. 우선권은 주식회사가 배당금을 지급한다면 우선주의 주주에게 우선적으로 지급해야 함을 뜻한다. 국내에서 우선주가 받는 배당금은 보통주가 받는 배당금보다 조금 더 많은 경향이 있다.

우선주는 1840년대 영국의 철도회사가 처음으로 발행하였다. 당시 자금이 필요한 철도회사가 보통주를 추가로 발행하면 보통주의 수가 늘어나 주가 하락을 초래할 수 있으므로 보통주의 주주들이 반대하였다. 보통주의 증가 없이 자금을 조달하기 위해 우선주를 발행하기 시작하였다.[8] 주식회사는 설립 시에 보통주를 발행하고, 회사의 선택에 따라 우선주를 발행한다.

8) 구상수, 「돈의 흐름이 보이는 회계이야기」(길벗, 2019), p.185.

주식회사를 설립하고 주주가 현금 등을 출자하면 설립된 주식회사는 주주에게 주식을 지급한다. 만약, 창업자가 5,000만 원을 출자한다면 출자받은 주식회사는 창업자에게 몇 주를 지급해야 할까? 이것을 정하기 위해서 필요한 것이 주식의 액면금액이다. **액면금액**은 주식이라는 증서의 겉면에 표기된 금액으로 주식회사를 설립할 때 창업자가 결정한다.

국내에서는 주식의 액면금액을 주로 100원, 200원, 500원, 1,000원, 2,500원, 5,000원 중의 하나로 정한다. 만약, 액면금액을 5,000원으로 정했다면 앞서 5,000만원을 출자한 창업자에게는 10,000주(= 50,000,000원 ÷ 5,000원)를 지급하면 되고, 액면금액을 100원으로 정했다면 500,000주(= 50,000,000원 ÷ 100원)를 지급하면 된다.

그렇다면 주식 한 주의 가치는 창업 시 정한 액면금액으로 고정되어 있을까? 주식시장에서는 주식가격이 빈번하게 오르고 내린다. 따라서 주식 한 주의 가치는 액면금액에 고정되어 있지 않고 변한다. 일반적으로 주식가격(주가)은 주식회사가 사업을 수행하여 이익을 남기면 오르고, 그 주식회사의 미래 전망이 좋아지면 오른다. 반면, 사업에서 손실이 나거나 해당 기업의 미래 전망이 나빠지면 주가는 내린다.

따라서 액면금액이 높다고 해서 현재의 주가가 높은 것은 아니다. 삼성전자 보통주의 액면금액은 100원이지만 현재의 주가는 78,000원 정도이고, 아시아나항공 보통주의 액면금액은 5,000원이지만 현재의 주가는 20,000원 정도이다.

한편, 개인기업의 소유주가 개인기업에서 발생한 이익의 일부를 인출하듯이 주식회사는 주주총회에서 주주의 동의를 얻어 주주에게 배당할 수 있다. 배당은 이자와 달리 반드시 지급해야 되는 것은 아니며, 주식회사의 자금 사정과 미래 투자계획에 따라

지급하지 않을 수 있다.

예를 들면, ㈜삼성전자는 2020년 당기순이익 15.6조 원 중에서 주주에게 배당금으로 9.6조 원을 지급하였고, ㈜삼성바이오로직스는 2020년 당기순이익 2,510억 원이었으나 배당금을 지급하지 않았다.

특히, 설립된 지 얼마 안 되는 주식회사는 일반적으로 수익은 적고 비용은 많기 때문에 이익을 내기가 어렵고, 이익이 나더라도 미래 성장을 위해 자금이 계속 필요하므로 배당을 하지 않는 경향이 있다.

설아는 설국과 ㈜설국빙수의 배당에 관해 서로 의견을 나누었고, ㈜설국빙수는 앞으로 성장에 필요한 자금을 확보해야 하므로 당분간 배당은 하지 않기로 의견의 일치를 보았다.

5.3 기업의 자금 조달 방법

㈜설국빙수는 가맹점 수가 늘어남에 따라 가맹점에 제공할 식자재를 직접 제조할 생산시설을 마련한다는 계획을 수립하고, 재무팀에서 시설 마련을 위한 자금을 조달하기로 했다. 재무팀 사원인 설아는 기업의 자금 조달 방법을 검토하고, 각각의 장단점을 다음과 같이 정리하였다.

기업이 자금을 조달하는 방법으로 가장 이상적인 것은 영업활동에서 벌어들인 누적 이익을 사용하는 것이다. 설립된 지 오래되었고, 꾸준히 이익을 냈다면 투자를 위해 사용할 수 있는 현금 또는 현금화할 수 있는 예금을 보유하고 있을 것이다. 그러나 신생기업이거나 설립 이후 꾸준히 투자해 왔으므로 기업 내부에 사용할 자금이 없다면 외부로부터 자금을 조달할 수밖에 없다. 기업 외부에서 자금을 조달하는 방법으로는 금융기관으로부터의 차입, 융통어음의 발행, 회사채의 발행, 주식의 발행 등을 들 수 있다.

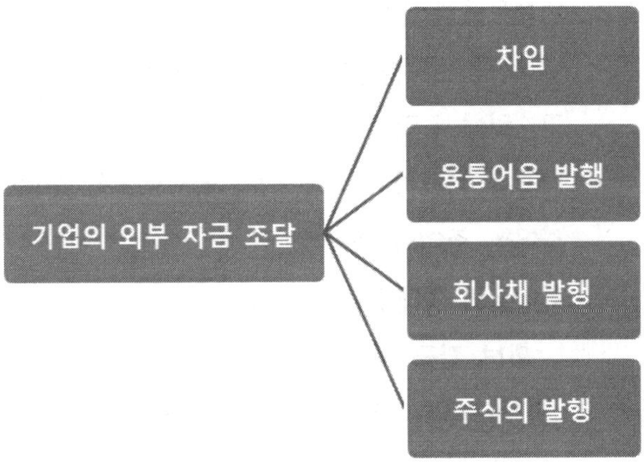

첫째, 금융기관으로부터의 차입은 은행과 같은 금융기관에 대출 신청을 하고, 금융기관이 대출 심사를 하여 승인하면 만기일까지 이자를 지급하고, 돈을 빌리는 것이다. 이자율은 해당 기업의 재무 상태와 영업성과 등에 따라 달라지는데 재무 상태가 안정적이고 영업성과가 좋을수록 낮은 이자율이 적용된다. 금융기관의 종류가 많기 때문에 재무상태가 양호한 기업이라면 차입할 기회가 상대적으로 많다.

그러나 금융기관은 대출금을 회수하지 못하면 어려움에 처할 수 있으므로 대출 심사를 엄격하게 하고, 발생할 수 있는 위험을 철저히 관리한다. 이를 위해 특정 기업에 대규모의 자금을 빌려 주기보다는 다양한 기업에게 상대적으로 적은 금액을 빌려주는 것을 선호한다. 따라서 기업의 입장에서는 원하는 자금을 모두 차입하지 못할 수 있다.

두 번째 외부 자금 조달 방법은 융통어음을 발행하는 것이다. **어음**은 거래 상대방에게 미리 정한 금액을 추후에 지급하겠다는 약속증서로서 증권사와 같은 금융기관으로부터 자금을 빌릴 때도 발행할 수 있다. 어음은 발행 목적을 기준으로 융통어음과 진성어음으로 구분하기도 하는데, 물품 등의 외상 구매 없이 자금 조달 목적으로 발행하는 어음을 **융통어음**(또는 **기업어음**)이라고 하고, 외상 구매하고 일정 기간 이후(보통 30~90일 이내)에 외상대금을 지급하기 위해 발행하는 어음을 **진성어음**이라고 한다. 요즘에는 종이의 형태로 된 실물어음을 발행하지 않고, 대부분 전자어음의 형태로 발행된다.

외부 자금 조달 방법으로 세 번째는 회사채를 발행하는 것이다. **채권**은 특정인에게 발행되는 어음과 달리 다수의 일반 투자자를 상대로 만기일까지 정해진 금액의 상환과 이자의 지급을 약속한 증서이다. 정부가 발행하는 채권을 **국채**, 지방정부가 발행하는 채권을 **지방채**, 기업이 발행하는 채권을 **회사채**라고 한다.

특히, 회사채의 이자율은 은행의 예금이자율보다 높기 때문에 더 높은 이자수익을 원하는 투자자는 회사채를 사고자 할 것이다. 하지만 회사채를 발행한 회사가 망하면 회사채를 산 투자자들은 투자금액을 회수하지 못하고 모두 잃을 수 있다.

회사채는 불특정 다수의 투자자를 상대로 발행하므로 인수하겠다는 투자자가 많다면 기업은 대규모의 자금을 조달할 수 있다. 그러나 회사채를 발행하기 위해서는 신용평가기관으로부터 양호한 신용등급을 받아야 하는데 신용등급이 낮다면 기업이 원하더라도 회사채를 발행하지 못할 수 있다. 회사채와 융통어음을 비교하면 회사채 발행을 통해 자금을 조달하는 것이 더 큰 규모의 자금을 조달하는 데에는 유리하지만, 융통어음 발행을 통해 자금을 조달하는 것보다 절차가 복잡하고 시간과 비용이 더 많이 든다.

마지막으로, 주식회사라면 기존의 주주나 신규 투자자에게 주식을 추가로 발행하고, 그 대가로 자금을 확보할 수 있다. 이미 설립된 주식회사가 자금 조달을 위해 추가로 주식을 발행하는 것을 **유상증자**라고 한다. 그러나 유상증자도 해당 기업의 재무 상태가 양호하지 않다면 추가로 발행하는 주식을 살 주주나 투자자가 많지 않을 것이므로 기업은 원하는 만큼 주식을 발행하여 자금을 조달할 수 있다는 보장은 없다.

차입이나 어음 또는 회사채를 발행하여 자금을 조달하면 만기일까지 이자를 지급할 의무가 있지만, 주식발행을 통해 자금을 조달하면 이자를 지급할 필요가 없다. 따라서 기업은 차입이나 어음 또는 회사채의 발행보다는 유상증자를 선호할 것으로 생각하기 쉽다. 그러나 주주의 입장에서는 기업이 추가 자금이 필요한 때에 유상증자보다는 차입이나 어음 또는 회사채의 발행을 통해 자금을 조달하기를 원한다. 왜냐하면 주주는 이미 주식 취득액만큼 투자하였으므로 기업이 자금이 더 필요하면 주주에게 추가적인 투자를 요구하는 것보다는 자체적으로 차입 등을 통해 자금을 조달하여 영업활동을 지속하고 이익을 남겨 배당을 지급해 주기를 원하기 때문이다.

그럼에도 불구하고 기업이 유상증자를 시도한다는 것은 기업이 재무 상태가 나빠져 더 이상 금융기관으로부터 차입할 수 없거나 회사채 발행이 불가능함을 의미하는 경우가 많다. 따라서 상장기업의 유상증자 계획이 발표되면 당일 해당 기업의 주가는 크게 하락하는 경우가 대부분이다.

5.4 원천징수와 연말정산

㈜설국빙수의 재무팀은 회계, 자금 조달, 세금과 관련된 업무를 수행한다. 설아는 재무팀장으로부터 재무팀의 세금 관련 업무를 전해 듣고, 주요 내용을 다음과 같이 요약하였다.

㈜설국빙수의 사장으로 일하는 오빠(설국)와 재무팀 직원이 된 나(설아)는 개인기업일 때와는 달리 ㈜설국빙수로부터 월급을 받고, 받은 월급에 대해서는 소득세를 내야 한다. 그런데 세무서가 근로자로부터 일일이 소득세를 징수하려면 세금을 거두는 비용이 너무 많이 발생하고, 근로소득의 발생 여부를 일일이 파악하기도 어렵다. 그래서 근로소득을 지급하는 자(법인, 개인사업자 등)가 근로소득을 받는 사람이 낼 세금을 근로소득에서 미리 떼어서 세무서에 낸다. 이를 **원천징수**라고 한다.

원천징수

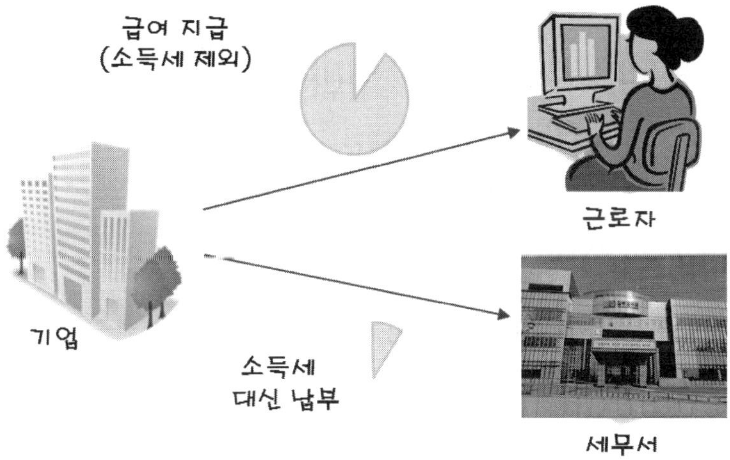

근로소득에 대한 세금은 1년간의 근로소득을 토대로 하되 근로소득자의 부양가족수, 신용카드사용액, 의료비, 교육비, 보험료, 기부금 등에 따라 달라진다. 예를 들어, 연봉이 같은 근로소득자라도 자녀가 많고, 신용카드사용액, 기부금 등이 많은 근로자는 근로소득에 대한 세금이 적다.

기업은 매년 1월에 종업원들로부터 신용카드사용액 등 필요한 정보를 받아 근로소득세를 확정한 후 직전 연도에 원천징수한 종업원별 소득세와 비교하여 초과하거나 모자라는 액수를 정산하는 절차를 거친다. 이를 **연말정산**이라고 한다. 연말정산 결과에 따라 소득세를 더 내기도 하고(추가 납부), 원천징수했던 소득세를 일부 돌려받기도 한다(환급).

예를 들면, 설국이 ㈜설국빙수로부터 300만 원의 월급을 받고 이에 대한 원천징수 액이 10만 원이라고 가정하면, ㈜설국빙수는 매월 원천징수액 10만 원을 제외한 290만 원을 설국에게 지급한다. 그렇다면 ㈜설국빙수가 1년간 원천징수한 금액은 총 120만 원(= 100,000원 × 12개월)이 된다. 그런데 해당 연도 설국의 부양가족수, 신용카드사용액 등을 모두 고려하여 산출한 소득세가 최종적으로 110만 원이라면 설국은 10만 원(= 120만 원 - 110만 원)을 더 납부한 것이므로 10만 원을 돌려받게 된다. 만약, 최종적으로 산출한 소득세가 110만 원이 아니고 140만 원이라면 추가로 20만원(= 140만 원 - 120만 원)을 더 납부해야 한다.

5.5 주식회사의 손익계산서

설아는 ㈜설국빙수가 주식회사로 전환한 후 처음으로 해당 연도의 손익계산서를 작성하였다. 앞서 개인기업의 손익계산서에서는 수익, 비용, 순이익 순서로 나열하였으나 주식회사는 수익과 비용을 몇 단계로 구분하여 단계별 이익을 표기하는 다단계 손익계산서를 주로 사용한다. ㈜설국빙수의 20x8년 다단계 손익계산서는 〈표 5.1〉과 같다.

〈표 5.1〉 20×8년 ㈜설국빙수의 손익계산서

손익계산서 20x8년 1월 1일부터 20x8년 12월 31일 ㈜설국빙수	(단위: 원)
매출액	101,785,000
매출원가	35,624,700
매출총이익	66,160,300
판매비와관리비	54,358,600
영업이익	11,801,700
영업외수익	1,562,300
영업외비용	2,054,300
법인세비용차감전순이익	11,309,700
법인세비용	1,996,800
당기순이익	9,312,900

다단계 손익계산서에서 제일 먼저 나오는 매출액은 ㈜설국빙수가 해당 기간 식음료의 판매로 발생한 매출수익을 나타낸다. 그다음의 **매출원가**는 ㈜설국빙수가 판매한 제품의 제조와 관련된 비용을 말하는 것으로 판매하는 식음료의 재료비, 식음료를 만드는 직원의 인건비, 그 외 식음료를 만드는 것과 관련된 비용(예를 들면, 빙수기의 감가상각비 등)을 포함한다.

매출총이익은 매출액에서 매출원가를 뺀 것으로 매출수익에서 판매한 제품의 제조와 관련된 비용만을 차감한 이익이다. 매출총이익 다음에 나오는 **판매비와관리비**는 짧게 **판관비**라고도 하는데, 제품의 판매와 관련된 비용을 판매비라 하고, 기업의 일반적인 운영과 관련된 비용을 관리비라고 한다.

다단계 손익계산서의 비용

계정과목	의미
매출원가	판매한 재화의 제조와 관련된 비용 (예를 들면, 재료원가, 제조직원의 인건비, 제조설비의 감가상각비 등)
판매비와관리비	- 판매비: 판매와 관련된 비용 (예를 들면, 광고선전비, 운송비, 판매직원의 인건비 등) - 관리비: 기업의 일반적인 운영과 관련된 비용 (예를 들면, 사무직원의 인건비, 사무실의 임차료, 사무용품비 등)
영업외비용	주된 영업이 아닌 활동에서 발생한 비용 (예를 들면, 이자비용, 기부금 등)
법인세비용	당기에 발생한 법인세 관련 비용

㈜설국빙수의 판매비로는 광고선전비, 판매 관련 수수료(배달앱수수료, 배달대행업체수수료), 운송비(배달기사지급비), 판매직원의 인건비 등이 있고, 관리비로는 각종 공과금, 세무사수수료 등을 포함한다.

다음으로 **영업이익**은 매출총이익에서 판매비와관리비를 뺀 것으로 기업의 주된 영업활동에서 획득한 이익을 나타낸다. ㈜설국빙수의 주된 영업은 빙수, 커피 등 식음료를 만들어 판매하는 것이므로 이러한 활동에서 발생한 이익이 ㈜설국빙수의 영업이익이다.

영업이익 다음에 나오는 **영업외수익**과 **영업외비용**은 ㈜설국빙수의 주된 영업 이외의 활동에서 발생한 수익과 비용이다. 영업외수익의 예로는 임대수익, 이자수익 등이 있고, 영업외비용의 예로는 ㈜설국빙수가 사회복지단체 등에 낸 기부금, 이자비용 등이 있다.

영업이익에 영업외수익을 더 하고, 영업외비용을 빼면 **법인세비용차감전순이익**이 된다. 말 그대로 법인세비용을 차감하기 전의 순이익을 뜻한다. 마지막으로 법인세비용차감전순이익에서 당기에 발생한 법인세 관련 비용인 **법인세비용**을 빼면 당기순이익이 산출된다. 만약, 당기순이익이 음수(-)이면 **당기순손실**로 표기하며 음수는 금액을 괄호를 사용하여 표기한다.

5.6 주식회사의 재무상태표

설아는 손익계산서를 작성한 후 재무상태표를 작성하였다. 주식회사의 재무상태표는 회계등식(자산 = 부채 + 순자산)이 성립한다는 점에서 개인기업의 재무상태표와 같지만, 자산과 부채를 유동과 비유동으로 구분하고, 자본(순자산)의 표기에 있어서 차이점이 있다. 20×8년 말에 작성한 ㈜설국빙수의 재무상태표는 〈표 5.2〉와 같다.

먼저, 자산은 재무상태표 작성일(20x8년 12월 31일)을 기준으로 1년 이내에 현금으로 회수되거나 소비되는 것은 **유동자산**으로, 그 외에는 **비유동자산**으로 구분한다. 마찬가지로, 부채도 재무상태표 작성일을 기준으로 1년 이내에 갚아야 할 의무가 있으면 **유동부채**로, 그렇지 않으면 **비유동부채**로 구분한다.

〈표 5.2〉 20×8년 12월 31일 ㈜설국빙수의 재무상태표

재무상태표 20x8년 12월 31일 ㈜설국빙수 (단위: 원)		
자 산		
유동자산		42,349,400
현금및현금성자산	15,653,200	
단기금융상품	16,807,000	
매출채권	3,862,400	
재고자산	2,864,300	
기타유동자산	3,162,500	
비유동자산		68,498,800
기계장치	4,691,000	
기계장치감가상각누계액	(938,200)	
차량운반구	26,262,000	
차량운반구감가상각누계액	(10,504,800)	
비품	12,764,000	
비품감가상각누계액	(2,552,800)	
시설장치(인테리어)	10,972,000	
시설장치감가상각누계액	(2,194,400)	
임차보증금	30,000,000	
자산총계		110,848,200
부 채		
유동부채		18,438,200
매입채무	4,135,200	
미지급법인세	1,957,200	
단기차입금	10,000,000	
기타유동부채	2,345,800	
비유동부채		20,000,000
장기차입금	20,000,000	
부채총계		38,438,200
자본(순자산)		
자본금	50,000,000	
이익잉여금	22,410,000	
자본총계		72,410,000
부채 및 자본총계		110,848,200

이처럼 자산과 부채를 유동과 비유동으로 구분하면 기업이 1년 이내에 갚아야 할 부채와 1년 이내에 현금으로 회수될 수 있는 자산을 비교할 수 있고, 그럼으로써 1년 이내에 갚아야 할 부채에 대한 회사의 지급 능력을 파악할 수 있다는 장점이 있다.

학교에서 배우는 교과목에는 국어, 영어, 수학 등 다양한 과목이 있듯이 자산, 부채, 자본에도 다양한 종류의 항목이 있다. 회계에서는 자산, 부채, 자본, 수익, 비용에 속하는 여러 항목의 증가와 감소를 기록하기 위해 설정한 단위를 **계정**이라고 하고, 계정의 이름을 **계정과목**이라고 부른다.

〈표 5.2〉의 재무상태표에서 유동자산의 첫 번째 계정과목은 현금이다. **현금**은 기업이 보유하고 있는 돈(지폐와 동전), 수표와 즉시 돈을 찾을 수 있는 은행예금을 포함한다. **현금성자산**은 방금 설명한 현금은 아니지만 짧은 기간(3개월) 내에 돈을 찾을 수 있는 예금(예를 들면 1개월 만기 정기예금)을 말하고, **단기금융상품**은 현금성자산보다는 돈을 찾을 수 있는 기간이 길지만 1년 이내로 찾을 수 있는 예금(예를 들면 6개월 만기 정기예금)이다.

매출채권은 외상으로 판매하거나 서비스를 제공하여 장래에 외상 대금을 현금으로 받을 권리가 있을 때 사용하는 자산계정이다.[9] 예를 들어, 고객이 월말에 신용카드를 사용하여 물건을 구입하고, 해당 기업이 재무상태표 작성일 현재 아직

9) 매출채권의 채권(債權)은 돈을 받을 권리라는 뜻이고, 자금 조달을 위해 발행하는 채권(債券)은 만기일에 약속한 금액과 이자를 지급하기로 약속한 증서라는 뜻으로 의미가 서로 다르다.

대금을 받지 못하면 매출채권이 된다. 고객이 신용카드로 구매하면, 신용카드사는 통상 3일 정도 후에 판매업체에게 수수료를 뗀 금액을 지급하고, 신용카드를 사용한 고객은 한 달치의 신용카드 구매대금을 매월 일정한 날에 신용카드사에 납부한다.

유동자산 주요 계정

계정과목	의 미
현금	기업이 보유하고 있는 지폐, 동전, 수표와 즉시 돈을 찾을 수 있는 은행예금
현금성자산	주로 3개월 내에 돈을 인출할 수 있는 예금(예를 들면 1개월 만기 정기예금)
단기금융상품	현금성자산보다는 돈을 인출할 수 있는 기간이 길지만 1년 이내로 찾을 수 있는 예금(예를 들면 6개월 만기 정기예금)
매출채권	외상으로 판매하거나 서비스를 제공하여 장래에 외상대금을 현금으로 받을 권리
재고자산	판매 또는 제조할 목적으로 기업이 보유하고 있는 제품, 원재료, 부품 등

일반적으로 기업과 기업 간의 거래는 외상으로 이루어지는 경우가 많다. 예를 들어, 슈퍼마켓이 제조기업으로부터 제품을 외상으로 구입하여 소비자에게 판매하고, 판매대금으로 제조기업에게 외상 금액을 지불한다면 슈퍼마켓은 보유한 현금 없이 제품을 공급받아 소비자에게 판매하여 이익을 낼 수 있다. 제조기업도 외상으로 판매하면 현금으로만으로 판매할 때보다 판매량이 증가하므로 매출수익이 늘어난다. 따라서 외상 거래는 거래 상대방 모두에게 이득을 줄 수 있다.

그러나 외상 거래의 단점은 대금을 추후에 지급하기로 약속한 측이 재정적 어려움을 호소하며 외상 대금을 지급하지 않는 경우가 발생한다는 점이다. 최악의 경우 외상 구매 기업이 망하면 외상 판매 기업은 대금을 회수하지 못하고, 오히려 자금난에 빠질 수도 있다.

따라서 외상 거래는 상대 기업의 재무 상태와 경영실적을 검토하여 신중하게 허용하고, 검토한 결과를 바탕으로 외상 거래의 규모와 대금 회수 기간을 결정해야 한다. 또한 매출채권에 대한 사후 관리를 철저히 하고, 대금의 지급이 지연되는 상황에서는 해당 기업에 대한 추가적인 외상 거래를 허용하지 않는 것이 필요하다.

재고자산은 재무상태표 작성일 현재, 판매 또는 제조할 목적으로 기업이 보유하고 있는 제품, 원재료, 부품 등을 말한다. ㈜설국빙수가 12월 31일 현재 보유하고 있는 빙수 재료, 커피 원두, 용기 및 포장재료가 있으면 재고자산이 된다.

비유동자산은 기업이 보유하며 1년 넘게 사용하는 기계, 자동차, 건물, 토지, 가구, 전기전자제품 등을 포함한다. 사용해도 닳거나 마모가 없는 토지를 제외하면 감가상각을 적용하고, 재무상태표 작성일까지 누적으로 감가상각한 금액을 **감가상각누계액**이라는 이름으로 해당 자산 밑에 표기한다. 감가상각누계액은 해당 자산 가치의 감소를 의미하므로 금액을 괄호 안에 표기한다.

비유동자산 주요 계정

계정과목	의미
기계장치	원재료를 물리적, 화학적으로 가공하기 위한 제조설비나 작업장치
감가상각누계액	재무상태표 작성일까지 누적으로 감가상각한 금액으로 자산 차감계정
차량운반구	제조 및 영업활동을 위해 보유한 승용차, 트럭 등
비품	제조 및 영업활동을 위해 보유한 가구와 컴퓨터 및 주변기기, 가전제품 등의 전기전자제품
시설장치	매장에 설치한 실내 장식(인테리어)
임차보증금	건물 일부를 임차하면서 건물주에게 보증금으로 지급하여 계약종료 후 돌려받는 돈

비유동자산의 계정으로 **기계장치**는 원재료를 물리적, 화학적으로 가공하기 위한 제조설비나 작업장치로서 ㈜설국빙수가 보유한 커피로스팅기계와 부속장치 등을 말하고, **차량운반구**는 기업이 제조 및 영업활동을 위해 보유하는 차량으로 ㈜설국빙수가 식자재 배송을 위해 보유한 트럭을 포함한다.

비품은 ㈜설국빙수가 보유한 테이블과 의자 등의 가구와 빙수기, 커피머신, 냉장고, TV 등의 전기전자제품을 포함한다. **시설장치**는 매장에 설치한 실내 장식(인테리어)을 의미한다. 마지막으로, **임차보증금**은 매장 개설을 위해 상가건물의 일부를 임차하면서 건물 주인에게 보증금으로 지급한 돈으로 임대차 계약이 끝나면 돌려받는 것이므로 ㈜설국빙수의 자산에 포함된다.

유동부채의 첫 번째 계정과목인 **매입채무**는 식자재 등을 외상으로 구입했기에 향후 거래상대방에게 현금을 지급할 의무를 표기한 것이다. 기업과 기업 간의 외상 거래는 보통

30~90일 후에 구입대금을 지급하는 경우가 대부분이다.

미지급법인세는 12월 말에 회계연도가 종료되는 법인은 법인세를 다음 해 3월 말까지 내야 하는데 재무상태표 작성일인 12월 31일 현재는 아직 지급하지 않았기 때문에 유동부채로 표기한 것이다.

차입금은 재무상태표 작성일을 기준으로 1년 이내에 지급해야 하면 유동부채로, 그렇지 않으면 비유동부채로 분류한다. **단기차입금**은 1년 이내로 갚기로 하고 빌린 돈이고, **장기차입금**은 만기가 1년을 초과하는 조건으로 빌린 돈이다.

부채 주요 계정

계정과목	의미
매입채무	원재료, 상품 등을 외상으로 구입하여 향후 현금을 지급할 의무
미지급법인세	재무상태표 작성일 현재 아직 지급하지 않은 법인세
단기차입금	1년 이내로 갚기로 하고 빌린 돈
장기차입금	1년을 초과한 날짜에 갚기로 하고 빌린 돈

끝으로, 주식회사의 자본(순자산)은 주식회사의 자산에 대한 주주의 몫을 의미하는데 주주가 출자한 금액과 주식회사가 사업을 통해 획득한 누적 이익으로 나뉜다. 자본금은 주주가 출자한 금액을 나타내는 계정과목이고, **이익잉여금**은 주식회사 설립 이후 사업을 통해 발생한 누적 당기순이익에서 주주에게 배당하지 않고 남은 금액을 말한다.

자본(순자산) 주요 계정

계정과목	의 미
자본금	- 회사의 소유주가 회사에 출자한 금액 - 주식회사의 경우, 자본금 = 발행주식수 x 주당 액면금액 - 보통주자본금과 우선주자본금으로 구분
이익잉여금	- 누적 순이익에서 주주에게 배당하지 않고 남은 금액 - 누적 순손실이 있으면 잔액이 음수(-), 결손금으로 불림

이익잉여금은 당기순이익이 발생하면 그만큼 증가하고, 당기순손실이 나면 그만큼 감소하며, 주주에게 배당을 하면 주주의 몫을 돌려준 것이므로 배당액만큼 감소한다. 적지 않은 사람들이 이익잉여금만큼 기업이 현금을 보유하고 있다고 오해하는 경우가 많다. 그러나 기업은 유동자산의 현금계정 잔액만큼만 현금을 보유하고 있고, 자본의 이익잉여금에 해당하는 금액은 현금을 비롯한 재고자산, 기계장치, 비품 등 다양한 자산의 형태로 존재한다.

기업이 사업을 하다 보면 손실이 발생하기도 하는데 손실이 누적되면 이익잉여금이 음수(-)가 될 수 있다. 이익잉여금이 음수이면 금액을 괄호 안에 표기하며, 음수인 이익잉여금을 양수의 이익잉여금과 구별하여 '결손금'이라고 표기한다. 따라서 재무상태표의 자본(순자산)에 결손금이 있다면 사업을 통해 누적 손실이 있는 회사임을 의미한다.

5.7 재무제표

설아는 손익계산서와 재무상태표를 모두 작성하고, 그 외에 작성하는 표로는 무엇이 있는지 알아보고 다음과 같이 정리하였다.

회계에서 기업이 결산 후 회계정보로 작성하는 표를 **재무제표**라고 한다. 여기서 '제표(諸表)'는 여러 표라는 뜻인데 재무제표는 손익계산서와 재무상태표 외에도 자본변동표와 현금흐름표를 포함하는 네 개의 표와 이들 표에 대한 추가적인 설명에 해당하는 **주석**으로 구성된다.

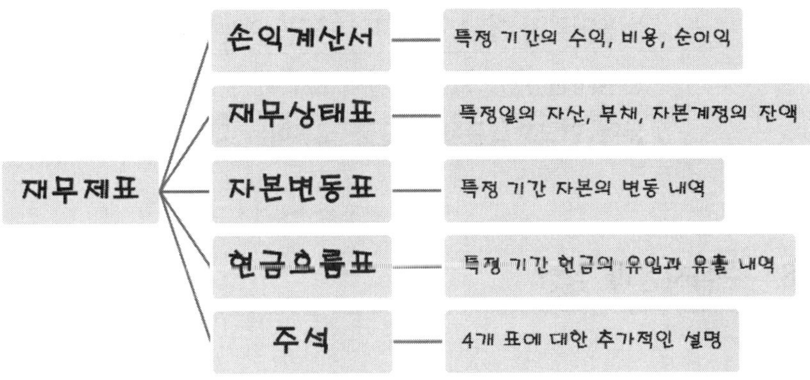

기업은 먼저 손익계산서를 작성하여 당기순이익 또는 당기순손실을 산출한 후 재무상태표를 작성한다. 재무상태표 자본(순자산)에 포함된 이익잉여금은 해당 기간의 당기순이익만큼 증가하

거나 당기순손실만큼 감소하므로 먼저 당기순이익 또는 당기순손실을 산출해야 이익잉여금 잔액이 확정되고, 그래야 자본총계를 계산할 수 있기 때문이다.

자본변동표는 해당 기간 기업의 자본, 즉 순자산의 증가 또는 감소의 구체적인 내역을 보여주는 표이다. 자본변동표를 통해 해당 기간 주주(소유주)의 출자 또는 당기순이익의 발생 등으로 순자산이 얼마나 증가했는지, 아니면 배당 또는 당기순손실의 발생 등으로 순자산이 얼마나 감소했는지를 알 수 있다.

현금흐름표는 해당 기간 기업이 보유한 현금의 증가 또는 감소 내역을 상세히 보여주는 표이다. 기업 간의 거래는 외상 거래가 많고, 현금 지출이 없는 비용이 있기 때문에 손익계산서 상의 수익과 비용이 반드시 현금의 유입과 유출을 동반하는 것은 아니다.

예를 들어, 외상 판매는 해당 기간 매출수익을 발생시키지만, 현금은 바로 유입되지 않고 미래에 유입된다. 또한 감가상각비는 비용이지만 해당 자산의 사용기간에는 현금 지출이 없다. 따라서 손익계산서만으로는 현금의 유입과 유출을 정확히 알 수 없기 때문에 현금흐름표를 별도로 작성하는 것이다.

5.8 주식시장과 상장

설국빙수가 주식회사로 전환된 지도 벌써 7년이 지났다. ㈜설국빙수는 이제 전국에 가맹점 400개를 가진 대표적인 빙수 프랜차이즈 기업으로 성장했다. 설국은 ㈜설국빙수의 400호 가맹점의 개업을 축하하는 행사를 개최하고, 참석한 기자들과 인터뷰를 가졌다.

앞으로의 포부에 대한 기자들의 질문에 설국은 빙수 프랜차이즈 사업의 해외 진출에 도전하고, 빙수 프랜차이즈 사업 이외에 유망한 새로운 사업을 개발한다는 비전을 제시하며 이를 위한 자금 마련을 위해 곧 주식시장에 상장하겠다고 답했다.

㈜설국빙수의 재무팀장이 된 설아는 설국의 상장 계획을 듣고, 주식시장과 관련된 내용 중 팀원들이 알아둘 필요가 있는 사항을 다음과 같이 요약하였다.

주식회사의 주식은 원칙적으로 사고파는 거래가 가능하지만, 해당 주식회사가 잘 알려지지 않고, 믿을 만한 정보도 없다면 주식의 매매(사고파는 거래)는 거의 이루어지지 않는다. 따라서 사업 규모가 크고 재무 상태가 좋은 기업이 일반 투자자들에게 주식을 추가로 발행하고, 발행된 주식을 자유롭게 거래할 수 있도록 국가마다 주식거래소(주식시장)를 설립하여 운영하고 있다.

우리나라에는 두 개의 주요 주식거래소가 있다. 하나는 주로 규모가 큰 대기업들의 주식이 거래되는 **유가증권시장**이고, 다른 하나는 상대적으로 규모가 작고 창업한 지 오래되지 않은 기업들의 주식이 거래되는 **코스닥시장**이다. 2021년 12월 말 현재 유가증권시장에 상장된 기업은 823개이고, 코스닥시장에 상장된 기업은 1,531개이다.

일반 투자자들이 자유롭게 거래할 수 있도록 주식거래소에 주식회사의 주식을 등록하는 것을 **상장(上場)**이라고 하고, 주식거래소에 등록된 기업을 **상장기업**이라고 부른다. 주식거래소는 주식을 사고파는 다수의 투자자를 보호해야 하므로 엄격한 상장요건을 마련하여 이를 만족하는 주식회사에만 상장을 허락한다.

주식회사가 상장할 때 다수의 투자자에게 주식을 추가로 발행한 대가로 현금을 받기 때문에 대규모로 자금을 조달할 수 있다는 장점이 있다. ㈜설국빙수를 상장하면 대규모 자금 조달이 가능할 뿐만 아니라, 기업의 이름이 널리 알려지고 기업의 위상도 높아지므로 좋은 인재를 영입하는 데도 도움이 된다.

또한 주식을 새로 발행할 때 회사 직원들에게 우선적으로 회사의 주식을 할인된 가격으로 살 기회를 제공한다면 직원도 회사의 주주로서 더욱 열심히 일할 인센티브를 가질 수 있을 것으로 기대했다.

반면, 상장기업은 기업과 관련된 정보를 정기적으로 또는 수시로 제공해야 하는 의무 등 준수해야 할 규정이 늘어나고, 기업의 사회적 책임도 높아지며 주주의 수가 늘어나면서 기존 대주주의 회사에 대한 지배력은 약해질 수 있다.

상장기업은 작성한 재무제표를 비롯한 기업의 주요 정보를 투자자들이 볼 수 있도록 공개할 의무가 있다. 우리나라의 상장기업이 재무제표 등 중요한 정보를 인터넷으로 제출하고, 투자자들이 이러한 정보를 인터넷을 통해 조회할 수 있도록 시스템이 만들어져 있는데 이를 **전자공시시스템**(DART, Data Analysis, Retrieval and Transfer System)이라고 한다.

누구라도 <그림 5.1>과 같이 전자공시시스템의 홈페이지(dart.fss.or.kr)에 접속하여 회사명을 입력하고 정기공시의 사업보고서를 선택하여 검색하면 재무제표를 비롯한 상장기업의 정보를 열람할 수 있다.

〈그림 5.1〉 전자공시시스템

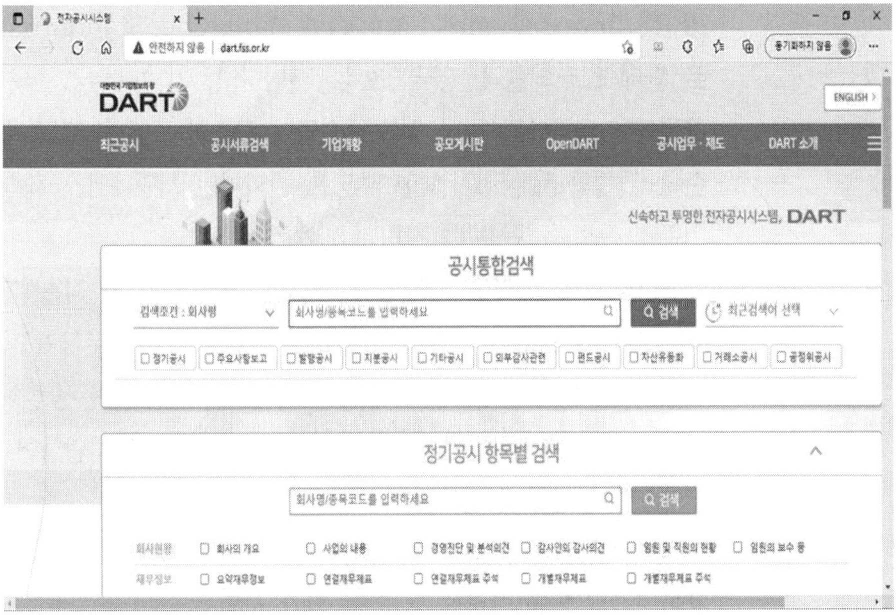

5.9 회계기준과 공인회계사

설아는 ㈜설국빙수의 상장을 준비하면서 상장기업의 재무제표에는 어떤 변화가 생기고, 상장기업이 전자공개시스템에 공개하는 재무제표를 투자자는 어떻게 신뢰할 수 있는지, 그리고 상장기업의 회계처리와 재무제표를 감독하는 공적 기관은 어디인지를 검토한 후 다음과 같이 정리하였다.

우선, 기업이 발생한 거래를 기록하고 재무제표를 작성하기 위해서는 따라야 할 기준이 있다. 이 기준을 **회계기준**이라고 한다.

우리나라의 상장기업에게 적용되는 회계기준은 **국제회계기준**(IFRS, International Financial Reporting Standards)으로 현재 EU 회원국, 영국, 호주, 캐나다 등 세계 144개 국가가 채택하여 사용하고 있다. 비상장기업이 사용하는 **일반기업회계기준**은 기업의 재무제표 작성 부담을 완화하는 차원에서 국제회계기준에 근접하지만 보다 간략한 회계기준이다.

회계기준이 있다고 하더라도 기업이 이를 준수하는지를 확인하는 절차가 필요하다. 만약, 기업과는 독립된 회계전문가가 상장기업의 회계 기록과 재무제표가 회계기준을 준수하여 공정하게 작성되었는지를 검사하고, 이상이 없다는 의견을 제시한다면 재무제표를 신뢰할 수 있다.

사회적으로 인정받는 회계전문가가 되기 위해서는 국가가 주관한 필기시험에 합격하고, 일정 기간 실무를 익히는 수습과정을 거쳐야 한다. 이러한 자격을 획득한 회계전문가를 **공인회계사**(certified public accountant, CPA)라고 하고, 공인회계사가 기업을 방문하여 회계 기록, 자산과 부채의 확인, 재무제표 등을 검사하는 일을 **외부감사**라고 한다. 상장기업은 회계연도가 끝나면 외부감사를 받은 재무제표를 전자공시시스템에 제출해야 한다.

은행 등 금융기관은 재무제표 등의 정보를 토대로 대출 심사를 하고, 주식 투자자도 재무제표를 통해 기업에 대한 중요한 정보를 얻는다. 따라서 재무제표에 틀린 정보가 있다면 대출 또는 주식투자의 의사결정이 잘못될 수 있고, 사회 전체로도 자금이 낭비되는 문제가 발생하게 된다.

따라서 공인회계사는 회계전문가로서 기업의 재무제표가 회계기준에 따라 공정하게 작성되었는지를 검사하는 역할을 하기 때문에, 흔히 공인회계사를 건강한 자본주의를 지키는 파수꾼으로 비유하기도 한다.

간혹, 공개된 재무제표의 순이익 또는 자산이 고의로 부풀려졌거나 부채가 숨겨져 있다는 사실이 뒤늦게 알려져 해당 기업의 주가가 급락하거나 기업이 도산하여 주식투자자나 채권자들이 큰 손해를 입는 경우가 있다. 이와 같이 회계기준을 위반하여 경영성과나 재무 상태를 양호하게 조작하는 것을 **분식회계**라고 한다. 분식(粉飾)이라는 말은 분가루로 장식한다는 뜻으로 내용은 없고 겉만 꾸민다는 의미이다.

기업이 회계기준을 올바르게 적용하는지, 외부감사는 적절한 절차를 거쳐 수행되고 있는지를 공적 기관이 주시하고 검사할 필요가 있다. 특히, 상장기업의 주식은 많은 사람들이 거래하므로 재무제표가 거짓으로 작성되었다는 것이 추후에 알려지면 주식가격은 큰 폭으로 떨어지고, 주주는 많은 손해를 입게 된다.

우리나라에서 상장기업의 분식회계와 부실 외부감사를 조사하고 처벌하는 업무를 수행하는 공적 기관이 **금융감독원**이다. 금융감독원은 원래 은행, 증권사, 보험사 등 금융기관에 대한 검사와 감독을 담당하는 기관으로 주식시장과 회계에 관련된 감독 업무도 수행한다.

분식회계를 저지른 사람은 관련 법에 따라 형사 처벌되고, 해당 기업과 함께 피해자의 손해를 배상할 책임을 진다. 만약, 분식회계가 발생한 기업의 외부감사를 담당한 감사인도 감사를 부실하게 했거나 분식회계를 알고도 합당한 조치를 취하지 않았다면 함께 처벌받을 수 있고, 피해자에 대한 손해배상 책임을 지게 된다.

〈금융감독원〉

5.10 ㈜설국빙수의 미래

상장기업의 대표이사가 된 설국은 정신없이 달려 온 지난 10여 년을 되돌아보았다. 설아가 학교 축제에서 운영한 빙수 가게 경험이 설국빙수의 창업으로 이어졌고, 힘들었던 겨울을 지나며 가게 운영에 자신감을 갖게 되었다. 회사의 규모가 커지면서 주식회사로 전환하였고, 늘어나는 고객의 수요에 부응하고자 가맹점을 추가로 개설했다.

어느덧 빙수 프랜차이즈 기업으로 성장하여 전국에 400개의 가맹점을 개설하기에 이르렀고, 10여 년 만에 전통시장

내 작은 가게에서 상장기업으로의 발전을 도모하고 있다. 설국은 앞으로 ㈜설국빙수를 어떻게 경영해 나갈지를 고민하였다. 내일 개최될 경영전략회의에서 회사의 미래에 대한 팀장들의 의견을 들어보기로 했다.

경영전략회의에 각 부서의 팀장들이 모두 모였다. 설국은 먼저, 설국빙수의 성공에 안주하지 않고 미래를 위한 새로운 사업에 진출하고 싶다는 의견을 말하고, 자유롭게 아이디어를 내 보자고 말했다.

먼저, 재무팀장인 설아는 우리나라도 생활 수준이 높아짐에 따라 그동안 접해보지 못한 새로운 고급 디저트에 대한 수요가 있다고 말하며, 유럽, 일본, 미국의 프리미엄 디저트와 음료를 판매하는 디저트 카페를 시작하자고 말했다.

영업팀장인 병수는 얼마 전 신문기사에서 현재 우리나라의 반려견 수가 600만 마리이고, 반려묘도 250만 마리나 된다고 보았고, 거리에 나갈 때마다 반려견과 함께 산책하는 사람들을 볼 수 있음에도 사람들에게 잘 알려진 펫샵, 펫카페는 아직 많이 없는 것 같다고 하며 프랜차이즈 펫샵 또는 펫카페를 추진하자는 의견을 냈다. 반려견이 있을 경우, 사료, 간식, 미용 및 위생용품, 장난감, 목줄, 패션 등 필요한 물건이 많고 미용서비스도 필요하며, 반려견과 반려가족이 함께 쉴 수 있는 카페나 펜션, 반려견을 며칠 동안 맡아주는 펫호텔사업도 유망하다는 의견을 냈다.

연구개발팀장인 연우는 조카가 가끔 가는 스터디카페는 무인으로 운영되어 값은 상대적으로 저렴하지만, 관리와 안전에 문제가 있을 수 있다고 말하며, 부모가 안심하고 아이들을 보낼 수 있는 스터디카페를 제안하였다. 회원제로 운영하여 회원에 대한 관리를 철저히 하고, 최신 환기시스템을 도입하여 쾌적한 환경을 만들며 대학생 멘토 한 명이 항상 상주하는 방식을 제안하였다.

설국은 펫샵에 대한 아이디어가 제일 마음에 들었지만 우선 신사업팀을 만들어 오늘 나온 아이디어에 대한 조사를 진행한 후, 그 결과를 바탕으로 다음 경영전략회의에서 신규 사업을 결정하기로 했다.

설국빙수가 비약적인 성장을 할 수 있게 된 것은 설국빙수를 찾아 주신 전국의 고객 덕택이었다. 그래서 상장을 준비하면서 ㈜설국빙수의 기업목표를 '고객 감동'으로 정했다. 빙수 등 디저트를 먹기 위해 방문 또는 주문하는 고객이 만족을 넘어 감동할 만한 음식과 서비스를 제공하자는 것이다. 고객이 감동한다면 재방문 또는 재주문으로 이어져 매출수익은 자연스럽게 늘어날 것이다.

설국은 신규 사업을 추진하는 데 있어서도 먼저 고객의 입장에서 기존에 있었던 불편함을 파악하고 이를 해소할 수 있는 서비스를 제공하고, 기존에 없던 새로운 메뉴 또는 서비스를 개발함으로써 고객에게 감동을 주겠다고 마음먹었다.

지금까지의 과정이 문제의 발생과 해결의 연속이었듯이 앞으로도 많은 난관이 예상된다. 설국은 ㈜설국빙수의 대표이사로서 무거운 책임감을 느끼며 앞으로 발생 가능한 문제에 대해서는 대응책을 미리 마련하고, 발생한 문제에 대해서는 직원들과 함께 슬기롭게 해결할 수 있는 조직을 갖추겠다고 다짐했다.

◈ 회계 더 알기③

법인세와 소득세

법인세는 법인의 소득에 부과하는 세금이고, 소득세는 개인의 소득에 부과하는 세금이다. 소득세법은 소득을 이자소득, 배당소득, 사업소득, 근로소득, 연금소득, 기타소득, 퇴직소득, 양도소득으로 구분한다. 이 중에서 이자소득, 배당소득, 사업소득, 근로소득, 연금소득, 기타소득을 종합소득이라고 하는데 각 소득을 합산하여 과세(세금을 부과)한다는 의미이다.[10] 퇴직소득과 양도소득은 일시적으로 발생하는 소득이므로 합산하지 않고 별도로 과세한다.

주식회사를 포함한 법인기업은 회계연도 종료 후 3개월 이내로 법인세를 신고 및 납부하고, 개인기업은 소득이 개인의 사업소득에 해당하므로 개인기업의 소유주가 매년 5월에 종합소득세를 신고 및 납부한다.

과세소득에 적용되는 세율은 아래의 표와 같이 법인세율이 대체로 종합소득세율보다 낮다. 그러나 법인이 주주에게 배당하면 주주는 배당소득에 대한 소득세를 내야 하고, 주주가 법인에서 근무하면서 월급을 받는다면 주주의 근로소득에 대한 소득세를 별도로 부담한다.

구 분	과세소득	세 율
법인세	2억원 이하	10%
	2억원 초과 ~ 200억원 이하	20%
	200억원 초과 ~ 3,000억원 이하	22%
	3,000억원 초과	25%

10) 이자소득과 배당소득(비과세소득과 분리과세 소득 제외)의 합이 연 2천만 원 이하인 경우와 기타소득(필요경비를 공제한 금액)이 300만 원 이하인 경우는 분리과세가 가능하다.

종합소득세	1,200만원 이하	6%
	1,200만원 초과 ~ 4,600만원 이하	15%
	4,600만원 초과 ~ 8,800만원 이하	24%
	8,800만원 초과 ~ 1억5,000만원 이하	35%
	1억5,000만원 초과 ~ 3억원 이하	38%
	3억원 초과 ~ 5억원 이하	40%
	5억원 초과 ~ 10억원 이하	42%
	10억원 초과	45%

◈ 회계 더 알기④

국내 시가총액 상위 10대 주식종목

상장기업의 한 주당 주식가격에 상장기업이 발행한 주식수를 곱한 것을 **시가총액**이라고 한다. 2022년 1월 6일 시가총액을 기준으로 한 상위 10개 주식은 다음과 같다.

순위	종목명	시가총액
1	삼성전자	459조 원
2	SK하이닉스	91조 원
3	삼성전자-우선주	58조 원
4	NAVER	56조 원
5	삼성바이오로직스	55조 원
6	LG화학	49조 원
7	현대자동차	46조 원
8	카카오	45조 원
9	삼성SDI	44조 원
10	기아	35조 원

시가총액을 기준으로 국내 1위 주식종목은 반도체, 모바일기기, 가전제품 등을 제조·판매하는 삼성전자로 시가총액이 459조 원에 달한다. 2위는 반도체를 제조·판매하는 SK하이닉스, 3위는 삼성전자의 우선주이다. 4위는 포털 서비스기업인 NAVER이고, 5위는 바이오의약품 제조기업인 삼성바이오로직스이다.

6위 기업은 석유화학, 전지, 첨단소재 등을 제조·판매하는 LG화학이고, 7위는 자동차 및 자동차부품을 제조·판매하는 현대자동차이며, 8위는 메신저, 포털 서비스 등을 제공하는 카카오이다. 9위는 전지, 반도체 및 디스플레이 소재를 제조·판매하는 삼성SDI이고, 10위는 자동차 및 자동차부품을 제조·판매하는 기아자동차이다.

◈ 회계 더 알기⑤

공인회계사 시험

공인회계사 자격을 취득하기 위해서는 금융감독원이 주관하는 공인회계사 시험에 합격해야 한다. 공인회계사 시험은 1차 객관식, 2차 주관식 시험으로 구성된다.

공인회계사 시험에 응시하기 위해서는 대학교 등에서 24학점(회계학·세무 관련 과목 12학점, 경영학과목 9학점, 경제학과목 3학점) 이상을 이수하고, 공인영어시험 성적이 합격점수(iBT 71점, 토익 700점, 텝스 340점, 지텔프 레벨2의 65점, 플렉스 625점) 이상이어야 한다.

금융위원회는 매년 공인회계사 최소선발예정인원을 공고한다. 1차 시험 과목은 경영학, 경제원론, 상법(총칙편·상행위편 및 회사편과 어음법 및 수표법을 포함), 세법개론, 회계학(회계원리, 회계이론 및 정부회계 포함)이며, 매 과목 배점의 40% 이상, 전 과목 평균 60% 이상 득점자 중에서 전 과목 총득점 순으로 최소선발예정인원의 2배수를 선발한다.

2차 시험은 과목은 세법, 재무관리, 회계감사, 원가회계, 재무회계이며, 매 과목 배점의 60% 이상 득점자를 합격자로 선발하는데 절대평가 합격자가 최소선발예정인원에 미달하는 경우 매 과목 배점의 40% 이상 득점자 중에서 전 과목 총득점 순으로 미달 인원만큼 추가 선발한다.

한편, 1차 시험 합격자는 그다음 해 2차 시험까지 응시할 수 있다. 1차 시험 합격연도에 실시된 2차 시험에서 과목별 배점의 60% 이상 득점한 과목은 다음 연도 2차 시험에서 면제된다.

◈ 회계 더 알기⑥

㈜삼성전자의 손익계산서

실제 상장기업의 손익계산서는 어떤 모습인지 시가총액 1위 기업인 삼성전자의 2020년도 손익계산서를 살펴보자.

손익계산서
제 52 기 2020.01.01 부터 2020.12.31까지
제 51 기 2019.01.01 부터 2019.12.31까지
제 50 기 2018.01.01 부터 2018.12.31까지

삼성전자주식회사 (단위 : 백만원)

	제 52 기	제 51 기	제 50 기
수익(매출액)	166,311,191	154,772,859	170,381,870
매출원가	116,753,419	113,618,444	101,666,506
매출총이익	49,557,772	41,154,415	68,715,364
판매비와관리비	29,038,798	27,039,348	25,015,913
영업이익	20,518,974	14,115,067	43,699,451
기타수익	797,494	5,223,302	972,145
기타비용	857,242	678,565	504,562
금융수익	5,676,877	4,281,534	3,737,494
금융비용	5,684,180	3,908,869	3,505,673
법인세비용차감전순이익(손실)	20,451,923	19,032,469	44,398,855
법인세비용	4,836,905	3,679,146	11,583,728
당기순이익(손실)	15,615,018	15,353,323	32,815,127

삼성전자는 2020년 매출액이 166.3조 원이고, 매출원가 116.8조 원이다. 이는 삼성전자가 판매를 통해 획득한 매출수익이 166.3조 원이고, 판매한 제품의 제조에 관련된 비용이 116.8조 원임을 뜻한다. 매출액에서 매출원가를 차감한 매출총이익은 49.6조 원에 달한다.

2020년 판매비와관리비는 총 29.0조 원으로 재무제표 주석에 따르면 연구개발비 17.7조 원과 그 외 판매비와관리비 11.3조

원으로 구성된다. 매출총이익에서 판매비와관리비를 차감하면 삼성전자의 2020년 영업이익은 20.5조 원이다. 이는 삼성전자의 주된 영업활동인 반도체, 모바일기기, 가전제품 등을 제조 및 판매하는 활동에서 20.5조 원의 이익이 났음을 뜻한다. 2020년 삼성전자의 매출액 대비 영업이익의 비율은 12.3%(= 20.5조 원 ÷ 166.3조 원)로 2020년 유가증권시장 상장 제조기업의 같은 비율 중간값(4.0%)보다 3배 정도 높다.

상장기업이 사용하는 국제회계기준은 영업외수익을 다시 기타수익과 금융수익으로, 영업외비용을 기타비용과 금융비용으로 구분한다. 영업이익에서 기타수익과 금융수익은 더하고, 기타비용, 금융비용, 법인세비용을 빼면 삼성전자의 2020년 당기순이익은 15.6조 원이다. 2020년 삼성전자의 매출액 대비 당기순이익의 비율은 9.4%(= 15.6조 원 ÷ 166.3조 원)로 2020년 유가증권시장 상장 제조기업의 같은 비율 중간값(2.4%)보다 4배 정도 높은 수준이다.

지금까지 살펴본 삼성전자의 손익계산서는 삼성전자의 수익과 비용만을 포함한 것으로 삼성전자가 제품의 생산, 판매, 고객 서비스 등을 위해 국내와 해외에 별도로 설립한 회사나 삼성전자가 인수한 회사의 수익과 비용을 포함하지는 않는다.

한 회사가 별도의 다른 회사를 설립하거나 다른 회사를 인수할 경우, 그 회사를 **모회사(지배회사)**라 하고, 설립되거나 인수된 기업을 **자회사(종속회사)**라고 한다. 모회사와 자회사를 하나의 경제적 실체로 보아 모회사가 자회사의 수익과 비용을 모두 포함하여 작성한 손익계산서를 **연결손익계산서**라고 부른다.

연결손익계산서를 기준으로 삼성전자와 일본의 소니, 미국의 애플을 비교하면, 삼성전자의 2020년 당기순이익은 26.4조 원으로 일본 소니의 당기순이익 12.4조 원보다는 크고, 미국 애플의 당기순이익 62.5조 원보다는 작은 수준이다

〈2020년 당기순이익의 비교〉

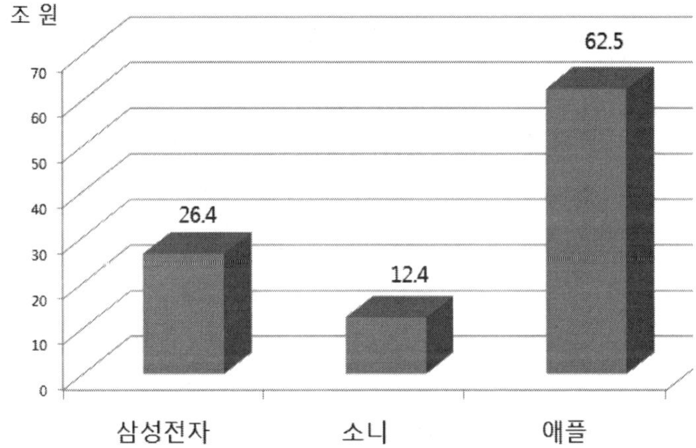

◈ 회계 더 알기⑦

㈜삼성전자의 재무상태표

다음은 삼성전자의 2020년 말 재무상태표를 요약하여 나타낸 것이다.

재무상태표
제 52 기 2020.12.31 현재
제 51 기 2019.12.31 현재
제 50 기 2018.12.31 현재

삼성전자주식회사 (단위 : 백만원)

	제 52 기	제 51 기	제 50 기
자산			
유동자산	73,798,549	72,659,080	80,039,455
현금및현금성자산	989,045	2,081,917	2,607,957
단기금융상품	29,101,284	26,501,392	34,113,871
매출채권	24,736,740	26,255,438	24,933,267
재고자산	13,831,372	12,201,712	12,440,951
기타유동자산	5,140,108	5,618,621	5,943,409
비유동자산	155,865,878	143,521,840	138,981,902
종속기업 등 투자	56,587,548	56,571,252	55,959,745
유형자산	86,166,924	74,090,275	70,602,493
무형자산	7,002,648	8,008,653	2,901,476
기타비유동자산	6,108,758	4,851,660	9,518,188
자산총계	229,664,427	216,180,920	219,021,357
부채			
유동부채	44,412,904	36,237,164	43,145,053
매입채무	6,599,025	7,547,273	7,315,631
단기차입금	12,520,367	10,228,216	10,353,873
미지급법인세	3,556,146	788,846	7,925,887
기타유동부채	21,737,366	17,672,829	17,549,662
비유동부채	1,934,799	2,073,509	2,888,179
장기차입금	150,397	174,651	0
기타비유동부채	1,784,402	1,898,858	2,888,179
부채총계	46,347,703	38,310,673	46,033,232

	제 52 기	제 51 기	제 50 기
자본			
자본금	897,514	897,514	897,514
주식발행초과금	4,403,893	4,403,893	4,403,893
이익잉여금(결손금)	178,284,102	172,288,326	166,555,532
기타자본항목	(268,785)	280,514	1,131,186
자본총계	183,316,724	177,870,247	172,988,125
부채와자본총계	229,664,427	216,180,920	219,021,357

2020년 말 현재 삼성전자의 자산총계는 229.7조 원이고, 부채총계는 46.3조 원이다. 자본(순자산)은 자산에서 부채를 빼고 남은 것이므로 183.3조 원이다. 위의 재무상태표를 통해 2020년 말 현재 삼성전자는 229.7조 원의 자산을 보유하고, 그중 46.3조 원은 앞으로 갚아야 할 금액이며 183.3조 원이 삼성전자의 주주에게 돌아갈 몫임을 알 수 있다.

다른 말로 하면, 삼성전자가 2020년 말 보유한 자산은 229.7조 원인데 그 중 46.3조 원은 빌린 돈으로 취득한 것이고, 나머지는 주주가 출자한 돈과 창업 이래 사업을 통해 획득한 이익 중에서 배당하지 않고 남긴 돈으로 취득한 것이다.

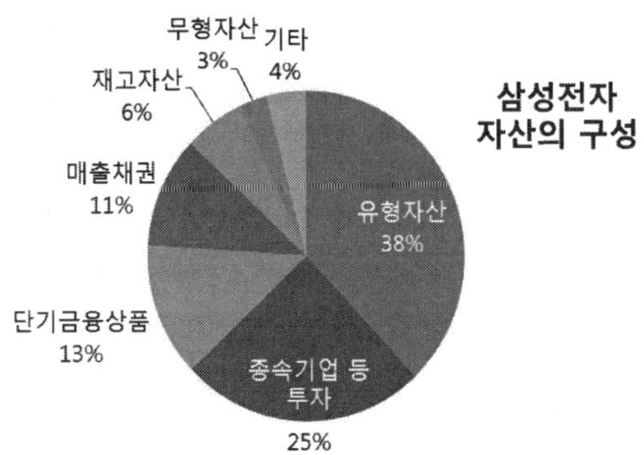

2020년 말을 기준으로 자산 중 유동자산이 32%, 비유동자산이 68%를 차지한다. 유동자산 중에 현금 및 현금성자산은 총자

산의 0.4%를 차지하고, 1년 이내로 현금으로 인출할 수 있는 단기금융상품이 총자산의 13%를 차지한다. 외상 매출로 미래에 현금으로 회수할 권리에 해당하는 매출채권은 총자산의 11%, 판매 또는 제조할 목적으로 보유하고 있는 재고자산은 총자산의 6%를 구성하고 있다.

비유동자산으로 가장 큰 비중을 차지하는 계정은 유형자산으로 총자산의 38%를 구성한다. **유형자산**은 제조 또는 영업활동에 1년을 넘게 사용하는 형태가 있는 자산으로 토지, 건물, 기계장치, 차량운반구, 비품 등을 포함한다. 다음으로 '종속기업 등 투자'는 삼성전자가 보유하는 자회사(종속기업), 관계기업 또는 공동기업의 주식을 의미하는데 총자산의 25%를 차지하고 있다.

일반적으로 기업이 다른 기업의 발행주식수를 50% 초과하여 보유하면 상대방 기업은 자회사가 되고, 기업이 다른 기업의 발행주식수를 20% 이상 50% 미만을 보유하면 상대방 기업은 **관계기업**이 되며, 기업이 다른 기업의 발행주식수를 50%를 보유하면 상대방 기업은 **공동기업**이 된다. **무형자산**은 제조 또는 영업활동을 위해 기업이 보유하는 구체적인 형태가 없는 자산으로 특허권, 상표권, 디자인권 등을 포함한다.

삼성전자의 부채총계는 총자산의 20%에 해당하고 자본(순자산)총계가 나머지 80%에 해당한다. 기업 간 부채의 상대적 크기를 비교할 때는 부채비율을 많이 사용하는데 **부채비율**은 부채총계를 자본총계로 나누어 산출한다. 2020년 말 삼성전자의 부채비율은 25%(= 46.3조 원 ÷ 183.3조 원)로 2020년 말 유가증권시장 상장 제조기업의 부채비율 중간값 66%보다 상당히 낮은 수준이다.

재무상태표의 자본에 있는 자본금은 삼성전자의 주주가 삼성전자에 출자한 주식의 액면금액에 해당하는 금액이고, **주식발행초과금**은 주주가 출자한 금액 중 주식의 액면금액을 초과한 금액이다.

주식회사를 설립할 때는 주주가 한 주당 액면금액만큼 출자하고 주식을 받지만, 이미 설립된 주식회사가 추가로 주식을 발행할 때는 액면금액보다 큰 금액으로 발행되는 경우가 대부분이다. 왜냐하면 설립 이래 그동안 누적된 순이익으로 인해 주식의 한 주당 가치가 액면금액보다 커지기 때문이다. 따라서 주식회사가 액면금액을 초과한 금액으로 주식을 발행하면, 액면금액만큼은 자본금을 증가시키고, 액면금액을 초과한 나머지 부분은 주식발행초과금을 증가시킨다.

2020년 말 삼성전자의 이익잉여금은 178조 원으로 설립 이래 발생한 누적 순이익에서 배당하지 않고 남아 있는 금액을 의미하며, 삼성전자는 이 금액만큼 유형자산, 종속기업 투자, 단기금융상품 등 다양한 형태의 자산을 보유하고 있다.

◈ 회계 더 알기⑧

㈜삼성전자의 자본변동표

다음은 삼성전자의 2020년 자본변동표를 요약하여 나타낸 것이다.

자본변동표
제 52 기 2020.01.01 부터 2020.12.31까지
제 51 기 2019.01.01 부터 2019.12.31까지
제 50 기 2018.01.01 부터 2018.12.31까지

삼성전자주식회사 (단위 : 백만원)

	자 본				
	자본금	주식발행 초과금	이익잉여금	기타 자본항목	자본 합계
2020.01.01. (기초자본)	897,514	4,403,893	172,288,326	280,514	177,870,247
당기순이익(손실)			15,615,018		15,615,018
기타포괄손익-공정가치금융자산평가손익				93,251	93,251
순확정급여부채(자산) 재측정요소				(642,550)	(642,550)
배당			(9,619,242)		(9,619,242)
2020.12.31 (기말자본)	897,514	4,403,893	178,284,102	(268,785)	183,316,724

자본변동표의 가로 첫 행은 재무상태표의 자본에 포함된 계정들을 표시한다. 삼성전자의 자본은 자본금, 주식발행초과금, 이익잉여금, 기타자본항목으로 구성된다. 다음 행은 각 계정의 기초잔액을 표기하고, 그다음 행부터는 해당 기간에 자본의 각 계정을 증가 또는 감소시킨 원인과 금액을 표시하며, 마지막 행은 각 계정의 기말 잔액을 보여준다.

삼성전자의 자본금과 주식발행초과금은 2020년에 변동이 없다.

이것은 2020년 삼성전자가 추가로 주식을 발행하여 자금을 조달한 것은 없음을 의미한다. 이익잉여금은 당기순이익의 발생으로 15.6조 원이 증가하였고, 주주에게 배당함으로써 9.6조 원이 감소하여 2020년 말 이익잉여금의 잔액은 178.3조 원이다. 삼성전자의 자본총계는 2020년에 총 5.4조원이 증가하여 2020년 기말 잔액은 183.3조 원이다.

◈ 회계 더 알기⑨

㈜삼성전자의 현금흐름표

다음은 삼성전자의 2020년 현금흐름표를 요약하여 나타낸 것이다.

현금흐름표
제 52 기 2020.01.01 부터 2020.12.31까지
제 51 기 2019.01.01 부터 2019.12.31까지
제 50 기 2018.01.01 부터 2018.12.31까지

삼성전자주식회사 (단위 : 백만원)

	제 52 기	제 51 기	제 50 기
영업활동 현금흐름	37,509,025	22,796,257	44,341,217
투자활동 현금흐름	(31,175,575)	(13,537,171)	(31,678,548)
재무활동 현금흐름	(7,426,376)	(9,787,719)	(12,818,480)
외화환산으로 인한 현금의 변동	54	2,593	0
현금 및 현금성자산의 순증감	(1,092,872)	(526,040)	(155,811)
기초의 현금 및 현금성자산	2,081,917	2,607,957	2,763,768
기말의 현금 및 현금성자산	989,045	2,081,917	2,607,957

현금흐름표 상의 현금흐름은 현금과 현금성자산의 유입과 유출을 모두 포함하고, 현금흐름을 영업활동, 투자활동, 재무활동으로 구분하여 표기한다. 영업활동은 재화를 판매하거나 용역(서비스)를 제공하여 수익을 창출하는 활동을 말한다. 2020년 삼성전자의 영업활동 현금흐름은 37.5조 원으로 삼성전자가 2020년에 영업활동을 통해 총 37.5조 원의 현금이 순유입되었음을 의미한다.

투자활동 현금흐름은 건물, 기계장치, 차량, 비품 등의 취득, 자회사의 설립, 다른 기업의 인수, 금융상품의 취득 등과 관련된

현금의 유입과 유출을 말한다. 삼성전자는 2020년 투자활동 현금흐름에서 31.2조 원이 순유출되었는데 주로 유형자산과 무형자산의 취득 등에 사용한 것이다.

삼성전자는 영업활동에서 순유입된 37.5조 원이 투자활동 현금 순유출액 31.2조 원을 초과한다. 따라서 영업활동으로 순유입된 현금으로 투자활동에 사용하고도 남는 상태이므로 자금 상황이 매우 양호하다고 볼 수 있다.

재무활동 현금흐름은 기업의 자금 조달과 배당금의 지급과 관련된 현금의 유입과 유출을 포함한다. 삼성전자의 2020년 재무활동 현금흐름은 7.4조 원의 순유출로, 주주에게 현금 배당금을 지급한 것이 주된 이유이다. 삼성전자의 현금 및 현금성자산은 2020년에 총 1.1조 원이 감소하여 2020년 기말잔액은 약 1조 원이다.

■ 한국의 경영인과 기업⑩

신격호와 롯데

신격호는 1922년 경남 울산군 상남면 둔기리에서 10남매 중의 장남으로 태어났다. 울산농업학교를 졸업한 후 경남도립 종축장(우량 품종의 가축을 길러 보급하는 목장)에 취직하였으나 더 큰 꿈을 이루고자 1941년 단돈 83엔만을 갖고 일본으로 떠났다.

그러나 도착하자마자 일본 형사에게 붙들려 매를 맞고 2시간 후에 풀려나기도 했다. 먹고 살기 위해 낮에는 일하고 밤에는 야간학교에서 공부했으며 징병을 피하고자 와세다실업학교 야간부에 입학하였고, 졸업후 와세다고등공학교(이후 와세다대학 이학부) 응용화학과에 진학하였다.

생활비를 벌기 위해 우유 배달, 신문 배달, 공장 잡일, 전당포 점원 등 온갖 일을 마다하지 않았다. 우유 배달을 할 때는 새벽 배달시간을 엄수하여 주문이 크게 늘었고, 전당포에서 일하면서 주인으로부터 신임을 얻어 나중에 사업자금을 받기도 했다. 원래 작가를 지망한 신격호는 바쁜 와중에도 헌책방에서 세계문학 전집을 비롯해 많은 책을 읽었다. 그중 괴테의 '젊은 베르테르의 슬픔'에 큰 감동을 받았고, 여주인공인 '샤롯데'의 이름을 따라 후에 회사 이름을 '롯데'로 짓게 되었다.

태평양 전쟁 중에 전당포 주인으로부터 커팅오일을 만들기만 하면 얼마든지 팔 수 있다며 6만엔을 사업자금으로 받게 되었다. 그러나 공장을 가동해 보기도 전에 폭격으로 불타버렸고, 다시 세운 공장은 처음에는 순조롭게 오일을 생산하였으나 1년 반 만에 폭격으로 다시 불타는 아픔을 겪었다. 해방이 되고 그대로 귀향할 수도 있었으나 사업자금을 투자한 전당포 주인에게 보답하기 위해 '히카리특수화학연구소'를 설립하고 세탁비누 등 생필품을 생산·판매하였고, 사업이 잘되어 1년 반 만에 6만 엔을 갚고 이자로 집 한 채를 선물하였다.

일본에 주둔하는 미군들이 아이들에게 나누어 주던 껌이 큰 인기를 끌자 껌 사업을 시작하였다. 1948년 롯데제과를 설립하였고, 당시 수많은 껌 생산업체가 있었으나 약제사를 고용하여 좋은 재료로 위생적인 생산에 주력하여 매출이 크게 늘었다. 본인의 아이디어로 대나무 풍선껌, 카우보이껌, 그린껌, 쿨민트껌 등 다양한 제품을 출시하였고, '입속의 연인'이라는 광고카피도 직접 만들었다. 1천만 엔을 상금으로 건 이벤트를 실시하면서 신문, TV, 라디오 광고를 한 것을 계기로 1963년 일본 껌 시장점유율 1위의 업체로 등극하였다.

다음으로 초콜릿 사업에 진출하기 위해 스위스의 세계 최고 기술자를 삼고초려 끝에 영입하였고, 최고 품질의 제품을 생산할 수 있도록 재료와 설비투자를 아끼지 않았다. 제품 출시와 함께 대대적인 TV 광고를 하여, 선발주자인 메이지, 모리나가를 추격하여 1984년에는 드디어 일본 과자업계의 선두로 나섰다.

신격호는 1965년 한일 국교정상화 이후 국내 제철공장의 건립을 계획하였으나 정부의 포항제철 설립으로 좌절되었다. 1967년 롯데제과를 설립하고, 1973년 박정희 전 대통령의 권유로 적자상태에 있던 반도호텔을 인수하고 그 자리에 롯데호텔과 롯데쇼핑센터(현 롯데백화점)를 1979년 준공하였다.

또한 당시 허허벌판이던 잠실에 1988년 올림픽 경기대회 개최에 맞추어 롯데호텔을 건립하였고, 가족이 함께 하루를 즐겁게 보낼 수 있는 공간을 마련하고자 세계 최대 실내 테마파크 '롯데월드'를 1989년에 개장하였다. 신격호는 생애 마지막 사업으로 서울의 새로운 랜드마크인 123층 높이 555m로 세계에서 6번째로 높은 '롯데월드타워'를 2017년 완공하였고, 2020년 영면하였다.

참고문헌: 『열정은 잠들지 않는다』(롯데지주, 2021, 나남), 『신격호는 어떻게 거인 롯데가 되었나』(김태훈, 2014, 성안북스), 『신격호의 도전과 꿈』(오쿠노 쇼, 2020, 나남)

■ 한국의 경영인과 기업⑪

김종희와 한화

1922년 충남 천안군 천안면 부대리의 가난하고 형제 많은 집에서 출생한 김종희는 그곳에 영국에서 온 성공회 신부 세실 쿠퍼가 세운 북일사립학교를 다니며 신학문을 배우기 시작했다. 이후 직산공립보통학교를 거쳐 서울에 있는 경기공립상업학교에 진학하기를 희망하였으나 부친은 농사일을 배울 것을 권하며 더 이상 진학을 허락하지 않았다. 그러나 서울에 있던 당숙(아버지의 사촌)의 도움으로 다음 해까지 합격한다는 조건으로 입학시험 공부에 매진하였다.

다음 해에 원하던 경기공립상업학교에 입학한 김종희는 반에서 1등을 할 정도로 우수한 학생이었다. 그러나 어느 날 귀가 중 조선 학생 3명과 일본 학생 4명의 싸움을 목격하고 조선 학생들 편에서 함께 싸우다 파출소로 연행되고 만다. 학교의 징계 회의 결과, 싸움에 휘말린 8명의 학생이 모두 퇴학 처분을 받는다.

잠시 실의에 빠진 김종희는 당숙의 도움으로 원산공립상업학교에 편입하여 무사히 졸업하고, 광산이나 토목공사에 필요한 산업용 화약을 생산·판매하는 조선화약공판이라는 회사에 취업하였다. 1945년 해방이 되면서 일본인 관리자들은 회사 업무를 맡아줄 사람으로 성실하고 책임감이 강한 김종희를 선택하고 일본으로 돌아갔다.

해방 후 한국에 들어 온 미군과의 계약을 통해 화약을 수입하고 판매하면서 회사를 유지하였으나 한국전쟁 발발로 다시 위기를 맞게 된다. 피난도 하지 않고 서울 홍제동 창고에 있던 화약을 지켜냈으며 1·4 후퇴 때는 모두가 피난을 떠나는 와중에도 이틀에 걸쳐 화약을 안전한 장소로 옮긴 후에야 직원들과 함께 피난을 떠났다.

전쟁이 끝날 무렵 정부는 화약공판을 공개 매각하였고, 이때 김종희는 화약공판을 인수하며 회사명을 한국화약주식회사(현 ㈜한화)로 변경하였다. 이후 정부의 권고로 폐허가 된 인천화약공장을 재건하는 작업에 착수하고, ㈜한국화약이 인천화약공장을 인수한 후 1956년부터 화약의 국내 생산을 시작하였다. 1957년에는 지속적인 연구와 실험 끝에 다이너마이트의 국산화에 성공하여 해외로부터의 화약 수입을 중단하는 데 기여하였다. 한국화약이 만든 다이너마이트는 이후 경부고속도로의 건설에도 유용하게 사용되었다.

화약에만 집중하던 김종희는 1963년 한국에 하나 남아 있는 베어링 제조기업이 어려움에 처하자, 만성적자이던 이 회사를 인수하여 마침내 흑자기업으로 전환하였다. 또한 PVC 공장의 건설로 석유화학 산업에 진출하였고, ㈜경인에너지를 설립하여 1972년에는 인천에 화력발전소와 정유공장을 완공하였다.

그 무렵, 농림부 장관으로부터 재정적 위기에 처한 아이스크림 공장을 인수해 우유를 공급하는 축산농가를 살려달라는 부탁을 듣고, 고민 끝에 이를 인수하여 외국기업의 기술제휴로 아이스크림을 생산하였다. 기술제휴 기간이 끝난 후에는 '빙그레'라는 상표로 다양한 제품을 판매하였다.

이번에는 서울시장으로부터 호텔을 지어 나라의 이미지도 높이고 관광수익을 얻자는 요청을 듣고, 원래 본사 건물을 지으려던 땅에 호텔을 건립하기로 결정하고, ㈜태평양건설(현 ㈜한화건설)이라는 건설회사를 직접 설립하여 호텔 건립공사를 개시하였으며 1976년 '서울프라자호텔'을 완공하였다.

꾸준한 성장 가도를 달리던 ㈜한국화약은 1977년 화약을 싣고 가던 기차가 직원의 부주의로 이리역(현 익산역)에서 폭발하여 수십 명이 사망하고, 건물과 집이 무너지는 대형 사고가 발생함으로써 큰 위기를 겪게 되었다. 김종희는 ㈜한국화약이 무조건 전부 책임져야 함을 강조하고, 신문에 법적 도의적 책임을 다하겠다는 사과문을 게재하였으며 ㈜한국화약과 공동으로 3년에 걸쳐 30억 원씩 총 90억 원을 피해보상금으로 지급하였다.

한편, 오랫동안 장학재단으로 학생들을 돕던 김종희는 감수성이 예민한 고등학생들에게 전인교육을 시키고자 고등학교를 설립하기로 하고 훌륭한 시설을 갖추고 유능한 선생님들을 초빙하여 1976년에 천안북일고(현 북일고)를 개교하였다. 화약 산업에서 출발하여 석유화학, 에너지, 식품, 금융업 등으로 진출하여 한화그룹의 기반을 이룩한 김종희는 1981년 59세를 일기로 생을 마감하였다.

참고문헌: 『김종희처럼』(고수정, 2013, FKI미디어), 『김종희 불꽃으로 살다』(신상진, 2019, 새녘)

〈회계용어 초성퀴즈 (IV, V장)〉

번호	용어 설명	용어 초성
1	상장기업이 재무제표 등 정보를 인터넷으로 제출하고, 투자자가 그 정보를 조회할 수 있는 시스템	ㅈㅈㄱㅅㅅㅅㅌ
2	거래를 기록하고 재무제표를 작성할 때 따라야 할 기준	ㅎㄱㄱㅈ
3	여러 명에게 주식을 발행해 준 대가로 현금 등을 출자받는 기업	ㅈㅅㅎㅅ
4	독립된 회계전문가가 기업의 회계 기록, 재무제표 등이 회계기준에 맞게 작성되었는지를 검사하는 것	ㅇㅂㄱㅅ
5	근로소득을 지급하는 자가 근로소득을 받는 사람이 낼 세금을 근로소득에서 미리 떼어서 세무서에 대신 납부하는 제도	ㅇㅊㅈㅅ
6	일반 투자자를 상대로 만기일까지 정해진 금액의 상환과 이자의 지급을 약속한 증서로 발행 주체에 따라 국채, 지방채, 회사채 등이 있다.	ㅊㄱ
7	주식회사의 소유주	ㅈㅈ
8	우리나라에서 주로 규모가 큰 대기업들의 주식이 거래되는 주식시장	ㅇㄱㅈㄱㅅㅈ
9	어떤 제품을 얻기 위해 사용된 자원을 금액으로 나타낸 것	ㅇㄱ
10	주식거래소에 등록된 기업	ㅅㅈㄱㅇ
11	주주총회에서 투표할 수 있는 권리가 있는 주식	ㅂㅌㅈ
12	거래 상대방에게 추후에 미리 정한 금액을 지급하겠다는 약속증서	ㅇㅇ
13	주식회사가 이익의 일부를 주로 현금으로 주주에게 배분하는 것	ㅂㄷ
14	외부감사를 할 수 있는 법적 자격을 갖춘 회계전문가	ㄱㅇㅎㄱㅅ
15	재무제표 중의 하나로 해당 기간 순자산(자본)의 증가 또는 감소 내역을 나타낸 표	ㅈㅂㅂㄷㅍ

번호	용어 설명	용어 초성
16	우리나라에서 상대적으로 규모가 작고 창업한 지 오래되지 않은 기업의 주식이 주로 거래되는 주식 시장	ㅋㅅㄷㅅㅈ
17	급여 소득에서 원천징수한 일 년 동안의 근로소득 원천징수세액에 대하여, 다음 연도 1월에 넘거나 모자라는 액수를 정산하는 일	ㅇㅁㅈㅅ
18	이미 설립된 주식회사가 자금 조달을 위해 추가로 주식을 발행하는 것	ㅇㅅㅈㅈ
19	주주총회에서 투표를 행사할 수 있는 권리는 없으나 배당금을 더 받을 수 있는 주식	ㅇㅅㅈ
20	해당 기간 현금의 유입과 유출 내역을 나타낸 표	ㅎㄱㅎㄹㅍ
21	회계기준을 위반하여 경영성과를 부풀리거나 부채를 숨겨 재무 상태를 양호하게 조작하는 것	ㅂㅅㅎㄱ
22	우리나라 상장기업들이 사용하는 회계기준	ㄱㅈㅎㄱㄱㅈ
23	우리나라에서 기업의 분식회계와 부실 외부감사 여부를 조사하고 처벌하는 업무를 수행하는 공적 기관	ㄱㅇㄱㄷㅇ
24	정부가 발행하는 채권	ㄱㅊ
25	주식이라는 증서의 겉면에 표기된 금액	ㅇㅁㄱㅇ
26	자산, 부채, 자본, 수익, 비용에 속하는 여러 항목들의 증가와 감소를 기록하기 위해 설정한 단위	ㄱㅈ
27	어음 중에서 외상 구매 없이 자금 조달을 목적으로 발행하는 어음	ㅇㅌㅇㅇ
28	기업이 발행하는 채권	ㅎㅅㅊ

〈회계용어 초성퀴즈 - 손익계산서〉

번호	용어 설명	용어 초성
1	일정 기간에 발생한 법인세 관련 비용	ㅂㅇㅅㅂㅇ
2	매출액에서 매출원가와 판매비와관리비를 차감한 것	ㅇㅇㅇㅇ
3	재화의 판매로 발생한 매출수익	ㅁㅊㅇ
4	주된 영업 이외의 활동에서 발생한 수익	ㅇㅇㅇㅅㅇ
5	법인세차감전순이익(손실)에서 법인세비용을 차감한 것으로 음수인 경우	ㄷㄱㅅㅅㅅ
6	판매하는 재화의 제조와 관련된 비용	ㅁㅊㅇㄱ
7	법인세차감전순이익(손실)에서 법인세비용을 차감한 것으로 양수인 경우	ㄷㄱㅅㅇㅇ
8	매출액에서 매출원가를 차감한 것	ㅁㅊㅊㅇㅇ
9	주된 영업 이외의 활동에서 발생한 비용	ㅇㅇㅇㅂㅇ
10	한 회사가 출자하여 별도의 회사를 설립하거나 다른 회사를 인수하여 지배와 종속의 관계가 형성될 경우 지배회사를 일컫는 말	ㅁㅎㅅ
11	재화의 판매와 일반적인 기업의 운영과 관련된 비용	ㅍㅁㅂㅇㄱㄹㅂ
12	영업이익에서 영업외수익은 더하고 영업외비용은 차감한 것	ㅂㅇㅅㅊㄱㅈㅅㅇㅇ
13	한 회사가 출자하여 별도의 회사를 설립하거나 다른 회사를 인수하여 지배와 종속의 관계가 형성될 경우 종속회사를 일컫는 말	ㅈㅎㅅ
14	자회사가 있는 모회사가 모회사와 자회사의 수익과 비용을 모두 포함하여 작성하는 손익계산서	ㅇㄱㅅㅇㄱㅅㅅ

〈회계용어 초성퀴즈 - 재무상태표〉

번호	용어 설명	용어 초성
1	1년 이내로 현금화되거나 소비되는 자산	ㅇㄷㅈㅅ
2	주식회사 설립 이래 사업을 통해 발생한 누적 당기순이익에서 배당하지 않고 남아 있는 금액	ㅇㅇㅇㅇㄱ
3	만기를 1년 이내로 하여 빌린 돈	ㄷㄱㅊㅇㄱ
4	현재 시점에서 1년을 넘어서 갚아야 할 의무	ㅂㅇㄷㅂㅊ
5	재무상태표 작성일 현재 기업이 보유하고 있는 제품, 원재료, 소모품	ㅈㄱㅈㅅ
6	원재료, 제품 등을 외상으로 구입했기 때문에 장래에 갚아야 할 의무	ㅁㅇㅊㅂ
7	기업이 결산 후 회계정보로 작성하는 네 개의 표	ㅈㅁㅈㅍ
8	1년 넘게 기업이 사용하는 자산	ㅂㅇㄷㅈㅅ
9	이익잉여금이 0보다 작은 경우 음의 이익잉여금을 일컫는 말	ㄱㅅㄱ
10	현금은 아니지만 짧은 기간 내에 돈을 찾을 수 있는 예금	ㅎㄱㅅㅈㅅ
11	장래에 법인세를 지급할 의무	ㅁㅈㄱㅂㅇㅅ
12	기업이 보유한 자동차에 대한 회계 용어	ㅊㄹㅇㅂㄱ
13	외상 판매로 인해 장래에 현금을 받을 권리	ㅁㅊㅊㄱ
14	돈을 찾을 수 있는 기간이 현금성자산보다 길지만 1년 이내로 찾을 수 있는 예금	ㄷㄱㄱㅇㅅㅍ
15	재무상태표 작성일까지 누적으로 감가상각한 금액	ㄱㄱㅅㄱㄴㄱㅇ
16	1년 이내에 갚아야 할 의무	ㅇㄷㅂㅊ

번호	용어 설명	용어 초성
17	기업이 보유한 가구, 전기전자제품에 대한 회계 용어	ㅂㅍ
18	1년을 초과한 후에 갚기로 하고 빌린 돈	ㅈㄱㅊㅇㄱ
19	제조 또는 영업활동에 1년을 넘게 사용하는 형태가 있는 자산(토지, 건물, 기계장치, 차량운반구, 비품 등을 포함)	ㅇㅎㅈㅅ
20	주주가 주식회사에 출자한 금액 중 주식의 액면금액을 초과한 금액	ㅈㅅㅂㅎㅊㄱㄱ
21	제조 또는 영업활동을 위해 기업이 보유하는 구체적인 형태가 없는 자산(특허권, 상표권, 디자인권 등을 포함)	ㅁㅎㅈㅅ
22	기업 간 부채의 상대적 크기를 비교할 때 것으로 부채총계를 자본총계로 나누어 산출	ㅂㅊㅂㅇ

〈회계용어 낱말퍼즐①〉

※아래의 설명을 보고 빈칸에 알맞은 회계용어를 적으시오.

〈가로 (1 ~ 20)〉

1. 법인기업의 소득에 부과하는 세금
2. 이익잉여금이 0보다 작은 경우 음의 이익잉여금을 일컫는 말
3. 돈을 빌려준 대가로 일정한 비율의 돈을 지급하는 것
4. 재무상태표 작성일 현재 기업이 생산 또는 판매를 위해 보유하고 있는

원재료, 제품, 소모품 등

5. 어떤 제품을 얻기 위해 사용된 자원을 금액으로 나타낸 것. 영어로 cost
6. 기업의 주된 영업 이외의 활동에서 발생한 수익
7. 비용 중에서 판매량이 증가하면 함께 증가하는 비용
8. 수익에서 비용을 차감한 금액
9. 용역(서비스)을 제공하여 발생한 수익
10. 해당 기간 현금의 유입과 유출 내역을 나타낸 표
11. 은행 등으로부터 갚기로 하고 빌린 돈
12. 개성지방의 상인들이 주로 사용한 우리나라 고유의 거래 기록방법
13. 제품의 판매와 관련된 비용(ㅇㅇ비)
14. 기업이 1년을 초과하여 사용하는 자산
15. 여러 명에게 주식을 발행해 준 대가로 현금 등을 출자받는 기업
16. 우리나라의 금융감독업무를 수행하고, 기업의 분식회계와 부실 외부감사 여부를 조사하고 처벌하는 역할을 수행하는 공적 기관(금융ㅇㅇㅇ)
17. 주식 종류의 하나로 주주총회에서 투표를 행사할 수 있는 권리가 있는 주식
18. 돈을 찾을 수 있는 기간이 현금성자산보다 길지만 1년 이내로 찾을 수 있는 금융상품
19. 우리나라에서 유망 중소기업 또는 벤처기업 등 주로 규모가 작은 기업들의 주식이 거래되는 주식시장(ㅇㅇㅇ시장)
20. 주식거래소에 등록되어 주식이 거래되고 있는 기업

〈세로 (A ~ R)〉

A. 매출총이익에서 판매비와관리비를 차감한 것
B. 개인이 세무서에서 사업자등록증을 발급받아 운영하는 기업
C. 우리나라에서 주로 규모가 큰 대기업들의 주식이 거래되는 주식시장
D. 현금은 아니지만 주로 3개월 이내에 인출할 수 있는 예금상품
E. 주식회사 설립 이래 사업을 통해 발생한 누적 당기순이익에서 배당하지 않고 남아 있는 금액
F. 기업의 소유주가 본인의 돈을 회사의 사업을 위해 내는 것

G. 컴퓨터와 정보기술을 이용한 회계처리 및 회계정보의 분석 시스템의 구축을 다루는 회계의 분야(회계ㅇㅇㅇㅇㅇ)
H. 특정일 현재, 기업의 자산, 부채, 자본의 내역과 잔액을 표기한 표
I. 주식회사의 주인
J. 재무제표 중의 하나로 해당 기간 자본(순자산)의 증가 또는 감소 내역을 나타낸 표
K. 기업이 발생한 거래를 기록하고 재무제표를 작성할 때 따라야 할 기준
L. 일정 기간의 영업이 종료된 후 해당 기간의 수익, 비용, 이익을 계산하는 절차
M. 독립된 회계전문가가 해당 기업의 회계 기록, 재무제표 등이 회계기준에 맞게 작성되었는지를 검사하는 것
N. 수익을 창출하기 위해 지출한 돈
O. 기업이 보유하고 있는 지폐와 동전
P. 장기간 사용하는 기계 등의 구입비를 사용기간에 걸쳐 나누어 비용으로 처리하는 것
Q. 근로소득을 지급하는 자가 근로소득을 받는 사람이 낼 세금을 근로소득에서 미리 떼어서 세무서에 대신 납부하는 제도
R. 판매된 제품의 제조와 관련된 비용(= 매출액 - 매출총이익)

〈회계용어 낱말퍼즐②〉

※아래의 설명을 보고 빈칸에 알맞은 회계용어를 적으시오.

〈가로 (1 ~ 20)〉

1. 재무상태표 작성일 현재 기업이 생산 또는 판매를 위해 보유하고 있는 제품, 원재료, 소모품
2. 1년 이내로 갚기로 하고 빌린 돈

3. 비용 중에서 판매량이 증가하면 함께 증가하는 비용
4. 외부감사를 집행하는 개인 또는 기관을 일컫는 말
5. 특정일 현재, 기업의 자산, 부채, 순자산의 내역과 잔액을 표기한 표
6. 기업이 거래를 기록하고 재무제표를 작성할 때 따라야 할 기준
7. 개성지방의 상인들이 주로 사용한 우리나라 고유의 거래 기록방법
8. 부채 중에서 의무 수행이 1년를 초과하여 이루어지는 것
9. 발생한 거래를 왼쪽과 오른쪽으로 나누어 양쪽의 합이 서로 같도록 기록하는 방법
10. 기업의 일반적인 운영과 관련된 비용으로 손익계산서 상에 '판매비와ㅇㅇ비'로 표기됨
11. 회계에서 다음 기간을 일컫는 말
12. 재무상태표 작성일까지 누적으로 감가상각한 금액(감가상각ㅇㅇㅇ)
13. 자산, 부채, 자본, 수익, 비용에 속하는 여러 항목들의 증가와 감소를 기록하기 위해 설정한 단위
14. 상장기업이 재무제표 등 정보를 인터넷으로 제출하고, 투자자가 그 정보를 조회할 수 있는 시스템(DART)
15. 이익잉여금이 0보다 작은 경우 음의 이익잉여금을 일컫는 말
16. 돈을 빌려준 대가로 일정한 비율의 돈을 지급하는 것
17. 법인세차감전순이익(손실)에서 법인세비용을 차감한 것으로 양수인 경우
18. 동력 등을 이용하여 원재료와 부재료를 물리적, 화학적으로 가공하여 제품으로 변환시키는 각종 제조설비 또는 작업장치
19. 급여 소득에서 원천징수한 일 년 동안의 근로소득 원천징수세액에 대하여, 다음 연도 1월에 넘거나 모자라는 액수를 정산하는 일
20. 현금은 아니지만 주로 3개월 이내에 인출할 수 있는 예금상품

〈세로 (A ~ R)〉

A. 우리나라의 금융감독업무를 수행하고, 기업의 분식회계와 부실 외부감사 여부를 조사하고 처벌하는 역할을 수행하는 공적 기관
B. 특정 기간의 영업이 종료된 후 수익, 비용, 이익을 계산하는 절차
C. 회계기준을 위반하여 경영성과나 재무 상태를 양호하게 조작하는 것

D. 외부감사를 할 수 있는 법적 자격을 갖춘 회계전문가

E. 주식이라는 증서의 겉면에 표기된 금액

F. 개인이 세무서에서 사업자등록증을 발급받아 운영하는 기업

G. 복식부기와 달리 경제적 거래를 한 번만 기록하는 방법으로 가계부를 기록하는 방법

H. 주식회사가 이익의 일부를 주로 현금으로 주주에게 배분하는 것

I. 회계에서 직전 기간을 일컫는 말

J. 회계의 분류 중에서 경영자의 의사결정을 위해 필요한 회계정보를 제공하는 과정에 해당하는 것

K. 이탈리아의 수도사로 1494년 자신의 수학 책에 복식부기를 소개하였고, 이는 현존하는 가장 오래된 복식부기 책이다(루카 ㅇㅇㅇㅇ)

L. 자산에서 부채를 차감한 것으로 자본이라고도 함

M. 원재료, 제품 등을 외상으로 구입했기 때문에 장래에 갚아야 할 의무

N. 장기간 사용하는 기계 등의 구입비를 사용기간에 걸쳐 나누어 비용으로 처리하는 것(감가ㅇㅇ)

O. 이것에서 법인세비용을 차감하면 당기순이익(손실)이 산출됨

P. 기업이 결산 후 회계정보로 작성하는 것으로 네 개의 표와 주석으로 구성됨

Q. 비용 중에서 판매량이 증가해도 변하지 않는 비용

R. 우리나라에서 주로 규모가 큰 대기업들의 주식이 거래되는 주식시장

S. 자선사업이나 공공사업을 돕기 위하여 대가 없이 내놓은 돈으로 영업외비용에 포함됨

T. 재무제표 중의 하나로 해당 기간 순자산(자본)의 증가 또는 감소 내역을 나타낸 표

U. 우리나라에서 유망 중소기업 또는 벤처기업 등 주로 규모가 작은 기업들의 주식이 거래되는 주식시장

V. 수익을 창출하기 위해 지출한 돈

W. 외상 판매로 인해 장래에 현금을 받을 권리

맺음말

지금까지 회계의 기본적인 내용을 소개하기 위해 학교 축제에서의 팥빙수 가게 운영, 청년몰의 빙수 가게 창업, 주식회사로의 전환, 주식시장 상장을 예로 들어 회계의 정의, 주요 용어, 재무제표를 설명하였다. 끝으로 여러분들이 기억해 주었으면 하는 내용을 다음과 같이 요약하였다.

첫째, 사람들은 일상 대화에서 수익과 이익을 구분하지 않고 사용하는 경향이 있고, 그 차이를 모르는 사람도 많다. 수익은 물품의 판매 또는 용역의 제공을 통해 회사가 벌어들인 돈을 의미하지만, 이익은 수익에서 비용을 차감하고 남은 돈을 의미한다. 따라서 수익과 이익의 차이점을 이해하고, 의미에 맞도록 구분해서 사용해야 한다.

둘째, 기업은 이익이 발생하지 않으면 지속적인 생존이 불가능하다. 따라서 수익이 비용을 초과할 수 있도록 고민하고, 올바른 전략을 수립하는 것이 필요하다. 최근 경영학과에 입학하는 신입생들은 사회적 기업에 관심이 많다. **사회적 기업**은 사업을 통해 수익을 창출하면서 동시에 사회적 문제도 함께 해결하는 기업을 말한다. 그러나 사회적 기업도 기업이므로 생존을 위해서는 이익이 나야 한다. 기업은 이익이 나지 않으면 생존할 수가 없음을 이해하고, 이익을 내는 방법을 꼭 찾아야 한다.

셋째, 회계에서의 자본은 순자산을 뜻하는 것으로 사람들이 일상 대화에서 사용하는 자본의 의미와 다르다. 일상 대화에서 자본은 돈, 자금을 의미하지만, 회계에서 자본은 순자산과 같은 말로서 자산에서 부채를 차감하고 남은 것을 뜻하며 기업의 소유주에게 돌아갈 몫을 의미한다. 회계에서 자본(순자산)은 소유주(주주)가 출자하거나 이익이 발생하면 증가하고, 손실이 나거나 주주에게 배당하면 감소한다.

넷째, 기업이 작성한 재무제표가 회계기준에 따라 공정하게 작성되었는지를 독립된 회계전문가인 공인회계사가 검사하는 것을 외부감사라고 한다. 공인회계사는 국가가 주관한 필기시험에 합격하고, 일정 기간 수습과정을 거친 후에 자격이 부여된다. 사회 각 분야에서 회계의 투명성을 점점 더 요구함에 따라 공인회계사가 필요한 영역이 많아지고, 건강한 자본주의를 유지하기 위해 공인회계사의 역할도 계속 강조되고 있다.

책의 내용이 여러분에게 낯설고 어렵게 느껴질 수도 있다. 아마도 여러분이 지금까지 한 번도 경험한 적이 없거나 생각해 본 적이 없었던 것을 다루고 있기 때문일 것이다. 그리고 이 책을 한 번 읽는 것으로는 내용을 완전히 이해하지 못할 수 있다. 따라서 나중에 시간이 나면 한 번 더 읽어 보기를 추천한다. 처음 읽을 때는 눈에 들어오지 않았던 것들이 다시 읽으면 새롭게 눈에 들어오는 경우가 많다.

끝으로 이 책을 통해 회계와 경영에 흥미를 갖고, 회계의 기초 지식을 얻는 데 도움이 되었기를 진심으로 바란다. 회계가 재미있다면 대학에서 경영학 또는 회계학을 전공하여 회계를 본격적으로 공부하는 것도 좋고, 전공으로 선택하지 않더라도 교양수업에서 회계과목을 택하여 좀 더 깊이 있는 공부를 해 볼 것을 권한다.

해 답

〈회계용어 초성퀴즈 - I장〉

1. 임대료(임대수익) 2. 이익 3. 결산 4. 손실 5. 비용 6. 매출수익 7. 임차료 8. 수익 9. 손익계산서 10. 흑자 11. 용역수익 12. 적자

〈회계용어 초성퀴즈 - II장〉

1. 회계 2. 부기 3. 손익분기점 4. 변동비 5. 재무회계 6. 감가상각 7. 고정비 8. 복식부기 9. 관리회계 10. 사개송도치부법 11. 세무회계 12. 단식부기 13. 회계정보시스템

〈회계용어 초성퀴즈 - III장〉

1. 대출 2. 개인기업 3. 순자산 4. 당기순이익 5. 전기 6. 차입금 7. 자산 8. 재무상태표 9. 회계등식 10. 자본금 11. 부채 12. 당기 13. 이자 14. 자본 15. 만기일 16. 출자 17. 차기

〈회계용어 초성퀴즈 - IV, V장〉

1. 전자공시시스템 2. 회계기준 3. 주식회사 4. 외부감사 5. 원천징수 6. 채권 7. 주주 8. 유가증권시장 9. 원가 10. 상장기업 11. 보통주 12. 어음 13. 배당 14. 공인회계사 15. 자본변동표 16. 코스닥시장 17. 연말정산 18. 유상증자 19. 우선주 20. 현금흐름표 21. 분식회계 22. 국제회계기준 23. 금융감독원 24. 국채 25. 액면금액 26. 계정 27. 융통어음 28. 회사채

〈회계용어 초성퀴즈 - 손익계산서〉

1. 법인세비용 2. 영업이익 3. 매출액 4. 영업외수익 5. 당기순손실 6. 매출원가 7. 당기순이익 8. 매출총이익 9. 영업외비용 10. 모회사 11. 판매비와관리비 12. 법인세차감전순이익 13. 자회사 14. 연결손익계산서

〈회계용어 초성퀴즈 - 재무상태표〉

1. 유동자산 2. 이익잉여금 3. 단기차입금 4. 비유동부채 5. 재고자산 6. 매입채무 7. 재무제표 8. 비유동자산 9. 결손금 10. 현금성자산 11. 미지급법인세 12. 차량운반구 13. 매출채권 14. 단기금융상품 15. 감가상각누계액 16. 유동부채 17. 비품 18. 장기차입금 19. 유형자산 20. 주식발행초과금 21. 무형자산 22. 부채비율

〈회계용어 낱말퍼즐①〉

▶ 가로

1. 법인세 2. 결손금 3. 이자 4. 재고자산 5. 원가 6. 영업외수익 7. 변동비 8. 이익 9. 용역수익 10. 현금흐름표 11. 차입금 12. 사개송도치부법 13. 판매 14. 비유동자산 15. 주식회사 16. 감독원 17. 보통주 18. 단기금융상품 19. 코스닥 20. 상장기업

▶ 세로

A. 영업이익 B. 개인기업 C. 유가증권시장 D. 현금성자산 E. 이익잉여금 F. 출자 G. 정보시스템 H. 재무상태표 I. 주주 J. 자본변동표 K. 회계기준 L. 결산 M. 외부감사 N. 비용 O. 현금 P. 감가상각 Q. 원천징수 R. 매출원가

〈회계용어 낱말퍼즐②〉

▶ 가로

1. 재고자산 2. 단기차입금 3. 변동비 4. 감사인 5. 재무상태표 6. 회계기준 7. 사개송도치부법 8. 비유동부채 9. 복식부기 10. 관리 11. 차기 12. 누계액 13. 계정 14. 전자공시시스템 15. 결손금 16. 이자 17. 당기순이익 18. 기계장치 19. 연말정산 20. 현금성자산

▶ 세로

A. 금융감독원 B. 결산 C. 분식회계 D. 공인회계사 E. 액면금액 F. 개인기업 G. 단식부기 H. 배당 I. 전기 J. 관리회계 K. 파치올리 L.

순자산 M. 매입채무 N. 상각 O. 법인세차감전순이익 P. 재무제표 Q. 고정비 R. 유가증권시장 S. 기부금 T. 자본변동표 U. 코스닥시장 V. 비용 W. 매출채권

찾아보기

(ㅊ)

(ㅋ), (ㅍ)

(ㅎ)

〈저자 약력〉

박 종 찬

現 서울시립대학교 경영대학 교수
서울대학교 사회과학대학 국제경제학과 졸업(1995)
코오롱상사, LG전자 근무
University of Southern California, 회계학석사(1999)
University of Wisconsin-Madison, 경영학박사(2004, 회계학 전공)
회계학 교육혁신상, 한국회계학회, 2019
강의우수교수상, 서울시립대학교, 총 9회 수상
회계학연구 우수논문상, 한국회계학회, 2010
저서 : 『스마트시대의 회계의 이해』, 『스마트시대의 회계원리』

청소년을 위한
회계와 경영의 이해

2022년 3월 5일 초판인쇄
2022년 3월 10일 초판발행

저 자 박 종 찬
발행인 유 성 열
발행처 청목출판사
서울특별시 영등포구 신길로 40길 20
전화 (02) 849-6157(代) · 2820 / 833-6091
FAX (02) 849-0817
등록 제318-1994-000090호

파본은 바꾸어 드립니다. 값 18,000원

http : //www.chongmok.co.kr

ISBN 978-89-5565-803-3(03320)